税理士・社労士が教える
絶対に知らないとヤバイ！

生前贈与の手続きの進め方 改訂版

税理士・社会保険労務士 **柴崎貴子**
特定社会保険労務士 **房野和由**

彩図社

はじめに

　最近、相続のお仕事をさせていただく機会がかなり増えてきました。テレビドラマで見るような大邸宅に住むご家族の「争族ドラマ」ではなく、ごく一般的な普通の家庭でも相続税を申告・納付するケースが増えています。これはやはり 2015（平成 27）年以後の基礎控除額の引下げ、その他の相続税法改正により、課税対象者が増えたことが原因だと考えられます。

　我が身にも、いずれ起こるかもしれない相続に備えて、まずは何ができるのかを考えておくことが重要です。実際、生前から対策を行っていた人と、何もしないままに相続が発生してしまった人とでは、税負担の面で大きな違いとなって表れます。

　この本では、相続にかかわる民法や相続税法の解説といくつかの生前贈与の方法を紹介しています。相続対策のポイントとして、まずは自分の財産を把握し、誰にどのような財産を残したいのか、整理しておくこと。それには遺言書をはじめとする法律的な対応が求められます。税務的な観点からは、節税対策とともに残された人のために納税資金の準備をしておくことが必須です。

　また、ご存じのように、2018（平成 30）年 7 月に相続法が大きく改正されました。詳しくは本文に譲りますが、すでに施行されている制度もあります。今後は新制度に則した相続対策を考えていかなければなりません。

　円満な財産継承を考えている読者の皆さまに、本書が少しでもお役に立てれば幸いです。

　　　　　令和元年 5 月　　税理士・社会保険労務士　　柴崎貴子

　　　　　　　　　　　　本書の内容は、2019 年 5 月の法令に基づいています。

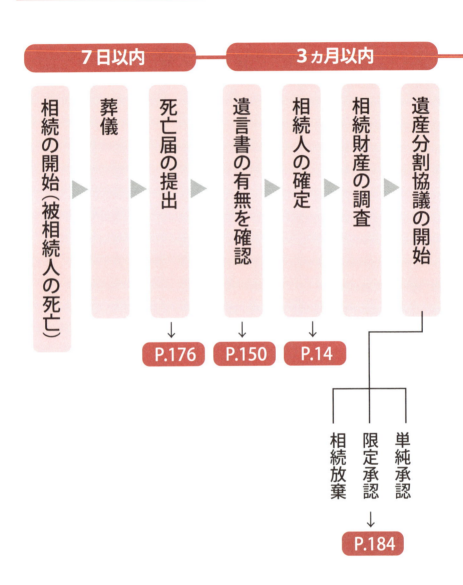

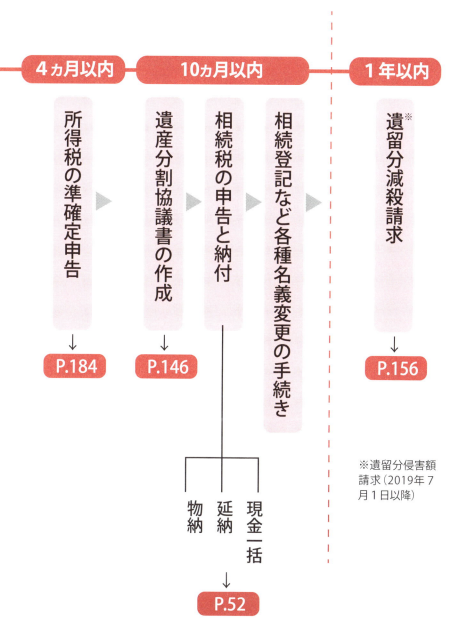

税理士・社労士が教える
絶対に知らないとヤバイ！
生前贈与の手続きの進め方

目次

はじめに ———————————————————————— 3

相続手続きの開始から相続税の申告・納付までの流れ ——— 4

改正相続法（「民法及び家事事件手続法の一部を改正する法律」）の施行 ——————————————————— 10

第1章　相続税とはどんな税金か？

1　相続財産はどのように評価される？ ———————— 12

2　相続財産を受取れるのは誰？ ——————————— 14

3　代襲相続とは？ ——————————————————— 18

4　特別受益と寄与分 ————————————————— 20

5　相続人以外の者の貢献について ——————————— 22

6　相続税が課税されない財産 ————————————— 24

7　土地の評価方法について ——————————————— 28

8　マイナスの財産を控除する ————————————— 30

9　配偶者の相続は税額が安くなる ——————————— 32

10　相続税法改正の影響 ———————————————— 34

11	家族名義の預金は誰のもの？　名義預金	38
12	相続税の計算	42
13	未成年者控除と障害者控除	46
14	小規模宅地等の特例の基礎知識	48
15	相続税の申告・納付	50
16	相続税の物納と延納について	52
17	物納申請の進め方	56
	コラム　預貯金の仮払い制度の創設	58

第2章　節税テクニックの基本

1	生命保険を使った相続税対策	60
2	養子縁組の節税効果	64
3	相続時に有利なのは現金か不動産か？	68
4	墓石や仏壇などを生前購入する	72
5	借入金は相続税対策になるのか？	76
6	一戸建てよりマンションの方が有利	80
7	公益法人等に寄付をすると相続税が減る	84
8	会社設立で相続税対策ができる	86
9	小規模宅地等の特例を有効活用する	90
10	事例で考える小規模宅地等の特例	94
	コラム　税務調査の実際	98

第3章　生前贈与の徹底活用

1　贈与税とはどんな税金か？ ———————————— 100

2　相続開始前3年以内の贈与は相続税の対象になる ——— 104

3　贈与税と相続税はどちらが有利？ ———————————— 106

4　暦年課税を使った上手な生前贈与 ———————————— 110

5　マイホーム資金の贈与なら非課税 ———————————— 114

6　教育資金の一括贈与なら非課税 ———————————— 116

7　結婚・子育て資金の一括贈与 ———————————— 118

8　贈与税の配偶者控除について ———————————— 122

9　相続対策にも有効！　ジュニアNISA ———————————— 124

10　生前贈与シミュレーション① ———————————— 126

11　生前贈与シミュレーション② ———————————— 130

12　みなし贈与①　生命保険料の肩代わり ———————————— 134

13　みなし贈与②　低額譲受 ———————————— 138

14　みなし贈与③　債務免除と金銭貸借 ———————————— 140

15　コラム　成年後見制度について ———————————— 144

第4章　遺言と配偶者への財産継承

1	遺産分割協議の進め方	146
2	間違いのない遺言書の書き方	150
3	相続人に保証されている遺留分	156
4	エンディングノートと遺言書の違い	160
5	家族信託の活用について	162
6	婚姻期間が20年以上ある夫婦に有利な制度改正	166
7	配偶者居住権の創設	168
8	妻がひとりになると年金はどうなる？	170
9	遺族厚生年金の基礎知識①	172
10	遺族厚生年金の基礎知識②	174
11	夫死亡後の手続き①	176
12	夫死亡後の手続き②	184

さくいん	188
全国の税理士会	191

本文イラスト：川本まる

改正相続法（「民法及び家事事件手続法の一部を改正する法律」）の施行

●スケジュール

改正法は、原則として、2019（令和元）年7月1日からの施行となるが、

・自筆証書遺言の方式緩和は2019（平成31）年1月13日から
・配偶者居住権の創設は2020（令和2）年4月1日から
・自筆証書遺言預かり制度の創設は2021（令和2）年7月10日から
　の施行となっている。

2019（平成31）年1月13日 自筆証書遺言の方式緩和	→152ページ
2019（令和元）年7月1日 配偶者保護のための方策	→166ページ
預貯金の仮払い制度の創設	→58ページ
遺産分割前に処分された財産の扱い	→146ページ
遺留分制度に関する見直し	→159ページ
相続人以外の者の貢献（特別寄与料制度）	→22ページ
相続の効力等に関する見直し	→17ページ
2020（令和2）年4月1日 配偶者居住権の創設	→168ページ
2020（令和2）年7月10日 自筆証書遺言の保管制度の創設	→152ページ

第1章

相続税とは
どんな税金か？

01 相続財産はどのように評価される？

相続によって相続人に引き継がれる財産が相続財産です。ここでは相続財産の評価の仕方について確認しておきます。

遺産総額を把握する

相続財産のことを、一般的には「**遺産**」と呼びます。遺産という言葉からイメージされるものとしては、土地、建物、預貯金といったものでしょうか。いずれも相続財産になるものですが、ほかにも株式やゴルフ会員権、宝飾品なども相続財産に該当します。

まずは、相続財産の金額が全体でいくらになるのか把握することが重要です。なぜなら、相続財産の金額によって相続税額が変わってくるからです（場合によっては、相続税がかからない場合もあります）。

相続財産の金額は時価で評価される

土地や建物、株式などの相続財産の価額は、課税時期つまり相続開始日の**時価**によって決まります。土地や株式など、値動きがあるものは、それを取得したときの価額ではなく、「今いくら（時価）」という価額で評価されます。

相続財産の評価については、国税庁から財産評価基本通達が出されており、そこで示された評価単位や評価の方法に従って評価を行うことになります。

例えば、一口に土地を評価するといっても、宅地、田及び畑、山林、原野、牧場及び池沼など地目別に評価する。宅地の評価方式は、**路線価方式**（28ページ参照）と**倍率方式**（28ページ参照）によって行うなど、通達には事細かな決まりごとが規定されています。正確な財産評価をするには、プロである税理士に任せた方が賢明です。

■時価の意義

　財産の価額は、時価によるものとし、時価とは、課税時期（相続、遺贈若しくは贈与により財産を取得した日若しくは相続税法の規定により相続、遺贈若しくは贈与により取得したものとみなされた財産のその取得の日又は地価税法第2条《定義》第4号に規定する課税時期をいう。以下同じ。）において、それぞれの財産の現況に応じ、不特定多数の当事者間で自由な取引が行われる場合に通常成立すると認められる価額をいい、その価額は、この通達の定めによって評価した価額による。　　　　　　　　　　　　　　　（国税庁財産評価基本通達より）

■主な財産の評価方法

宅地

　時価。評価方法には、路線価方式と倍率方式がある（28ページ参照）。

建物

　固定資産税評価額※に1.0倍して評価する。

　（したがって、その評価額は固定資産税評価額と同じ）。

上場株式

　その株式が上場されている金融商品取引所が公表する課税時期（相続の場合は被相続人の死亡の日）の最終価格。

　ただし、課税時期の最終価格が、次の3つの価額のうち最も低い価額を超える場合は、その最も低い価額により評価する。

> ①　課税時期の月の毎日の最終価格の平均額
>
> ②　課税時期の月の前月の毎日の最終価格の平均額
>
> ③　課税時期の月の前々月の毎日の最終価格の平均額

生命保険契約に関する権利

　（相続開始時における）解約返戻金相当額

ゴルフ会員権

　課税時期の取引価格の70％相当額

※各市町村（東京都23区の場合は都）が算定する固定資産税の基準となる価格。毎年1月1日時点における標準地の正常な価格である地価公示価格の70％に相当する。

02 相続財産を受取れるのは誰？

相続人の範囲と順位は、民法に規定があります。また、遺産の取り分についても、基本的には民法の規定に従います。

法定相続人とは？

まず、基本的な言葉の定義から説明します。**法定相続人**とは、法律の規定によって相続人となる人をいいます。要するに、いざ相続となった場合に、遺産を受取れる権利がある人が法定相続人です。相続人となる者（法定相続人）の範囲と順位（相続順位）は、**民法**の規定に定められています。

それから、死亡した人を**被相続人**と呼びます。つまり、亡くなって遺族に財産を残す人が被相続人です。

相続人の順位

被相続人（死亡した人）の配偶者は常に相続人となり（民法890条）、配偶者以外の人は、次の順位に従って配偶者と一緒に相続人になります。

【第1順位　被相続人の子供】

相続の時点で、その子供がすでに死亡しているときは、その子供の直系卑属（孫など）が相続人となります（民法887条2項：代襲相続）。子供も孫もいるときは、死亡した人により近い世代である子供が孫に優先します。

【第2順位　相続人の直系尊属（父母や祖父母など）】

相続の時点で、父母も祖父母も健在のときは、死亡した人により近い世代である父母が祖父母に優先します。

第2順位である直系尊属※の人は、順位が上位である配偶者や子がいないときに相続人になります（民法889条）。例えば、独身で子のない息子を亡くした場合の父母などが該当します。

※父母・祖父母・曽祖父母など。

【第3順位 被相続人の兄弟姉妹】

第3順位である被相続人の兄弟姉妹は、第1順位の人(配偶者や子)も第2順位の人(父母や祖父母)もいないときに、相続人になれるわけで、順位としては一番下ということになります(民法889条)。

相続の時点で、その兄弟姉妹がすでに死亡しているときは、その人の子供(甥・姪)が相続人となります(代襲相続)。

というわけで、第1順位から第3順位の人たちが法定相続人と呼ばれます。法定相続人の範囲を図で示すと以下のようになります。

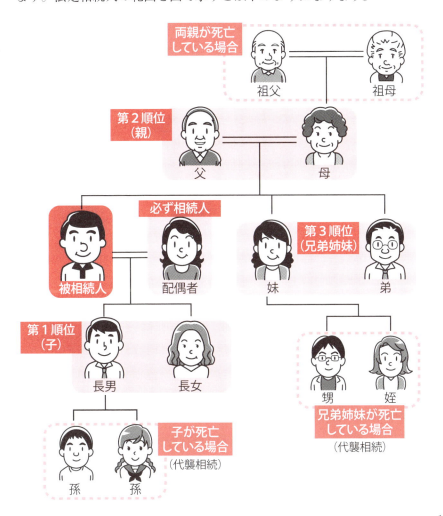

相続人の範囲と順位ついて、具体例を用いて確認してみましょう。例えば、山田太郎さん一家の家族構成は以下のとおり。

夫・山田太郎　　妻・山田花子　　長男・山田隼人　　長女・山田恵

太郎さんにもしものことがあり、死亡した場合は、配偶者である花子さん、子供である隼人さんと恵さんが法定相続人になります。

では仮に、相続の時点で長男の隼人さんがすでに亡くなっている場合はどうなるでしょうか？　この場合は、隼人さんの子である大輔さん（太郎さんから見ると孫）が相続人になり、花子さん、恵さんと共に法定相続人となります。

法定相続分

法定相続分（民法900条）すなわち、相続財産の取得割合も民法によって決められています。

```
1　配偶者と子供が相続人である場合
   配偶者2分の1　子供（2人以上のときは全員で）2分の1
2　配偶者と直系尊属が相続人である場合
   配偶者3分の2　直系尊属（2人以上のときは全員で）3分の1
3　配偶者と兄弟姉妹が相続人である場合
   配偶者4分の3　兄弟姉妹（2人以上のときは全員で）4分の1
```

子供や直系尊属、兄弟姉妹がそれぞれ2人以上いるときは、原則として均等に分けます。例えば、子供が2人いれば、均等に2分の1に分ける。子供が3人なら、やはり均等に3分の1ずつということです。

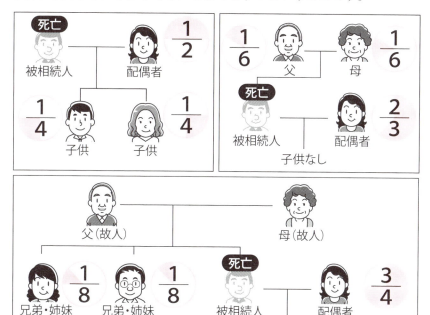

それでは、前出の山田太郎さん一家の法定相続分はどうなるか見てみましょう。法定相続人になるのは、配偶者の花子さん、子供の隼人さんと恵さんの合わせて3名です。

まず、配偶者である花子さんが2分の1を取得します。残りの2分の1は子供が取得するわけですが、これを隼人さんと恵さんで均等に2分の1ずつ分けます。2分の1の2分の1、つまりそれぞれの相続分は4分の1ずつになります。

> 遺産の分割前に遺産に属する財産が処分された場合の方策
> 遺産の分割前に、一部の共同相続人によって遺産が処分された場合であっても、残りの共同相続人全員の同意により、当該処分された財産を遺産分割の対象に含めることができる。

03 代襲相続とは？

親が死亡する以前に、相続人となるはずだった子が亡くなっている
ときは、孫が代わりに相続します。これを代襲相続といいます。

代襲相続とは？

代襲相続とは、推定相続人（相続人になれる人）である被相続人の
子または兄弟姉妹が相続の開始以前に**死亡**、**相続廃除**、**相続欠格**により
相続権を失ったときに、その者の子がその者に代わって相続すること（民
法887条2項、889条2項）です。

推定相続人とは、現状のままで相続が開始した場合、直ちに相続人と
なるべき者をいいます。前述のように、代襲相続の原因は、相続人とな
るべき者が、相続開始以前に死亡していたり、相続廃除・相続欠格により、
相続権を失った場合の3つです。

なお、**相続放棄**の場合は、代襲相続はありません。相続放棄をすると、
初めから相続人ではなかったものとみなされるため、代襲相続は行われ
ないのです。子が相続放棄をしてしまうと、孫が代わって相続できなく
なります。

直系卑属なら何代でも代襲できる

代襲相続できるのは、直系卑属※と兄弟姉妹だけです。親よりも先に
子が死亡しているときは、「子→孫→ひ孫……」という具合に、何代で
も相続権が順に移っていきます。

対して、被相続人の直系卑属でない兄弟姉妹が相続するときは、甥・
姪までとなります。つまり兄弟姉妹の場合、代襲相続できるのは一代限
りとなるわけです。甥の子、姪の子は代襲相続される範囲となっていま
せん。

※子・孫・曽孫など。

18

■代襲相続の原因

相続人の死亡

相続廃除
相続人が被相続人を虐待した場合等（民法892条）

相続欠格
相続人が被相続人を騙したり・強迫したりして遺言書を書かせようとした場合等（民法891条各号）

■代襲相続の事例

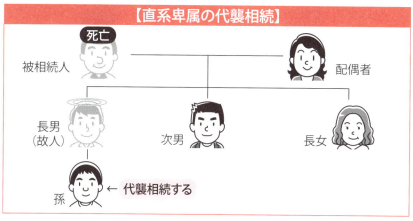

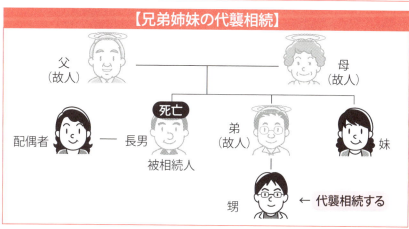

第1章　相続税とはどんな税金か？

04 特別受益と寄与分

相続人が何人かいるとき、法定相続分に従った財産の分け方では不公平が生じる場合があるので、そこを調整します。

特別受益は相続時に調整される

相続人の中に、被相続人が死亡する前に贈与を受けた人がいるような場合に、法定相続分通りに相続するとなると、贈与を受けた人と受けなかった人の間に不公平が生じます。この不公平を是正するために、**生前贈与や遺贈**※を**特別受益**として、法定相続分から特別受益を受けた額を差し引いて、その相続人の相続分とします（民法903条）。

特別受益になるものとしては、被相続人からマイホームを購入する際に頭金を出してもらった、起業する際に事業資金の援助を受けた、結婚する際に持参金や支度金をもらったりしたようなケースが該当します。

このような援助を受けた人と受けなかった人が相続人の中にいるにもかかわらず、単純に相続財産を均等に分けてしまったのでは公平が保てないので、これを調整するというわけです。

財産形成に貢献した相続人には寄与分がある

寄与分とは、被相続人の生前に、相続人が相続財産の増加や維持に貢献した場合、その寄与度に応じて貢献した相続人の相続分を増やすことです。

例えば、父親の事業（家業）をほぼ無報酬で手伝って財産の維持・増加に貢献した長男と、ずっとサラリーマンをしていた次男が、単に法定相続分に従って相続するのでは不公平です。このような場合、長男は寄与分を主張し、**遺産分割協議**（146ページ参照）を経て、寄与分を確保することになります。

※遺言により、人に遺言者の財産を無償で譲ること。

■特別受益の計算例

※相続財産に特別受益の分を戻した上で、各相続人の相続分を計算する。

相続財産5,000万円
次男にだけマイホームの購入資金1,000万円を生前贈与している

 特別受益の財産の持ち戻し
被相続人　　　　　　　　　　　　　　配偶者(故人)

	特別受益	相続財産の総額
5,000万円　＋	1,000万円	＝　6,000万円

- 長男　　$6,000万円 \times \dfrac{1}{3}$　　　　　　＝2,000万円
- 次男　　$6,000万円 \times \dfrac{1}{3} - 1,000万円$　＝1,000万円
- 長女　　$6,000万円 \times \dfrac{1}{3}$　　　　　　＝2,000万円

■寄与分の計算例

寄与分を相続財産から控除して、各相続人の相続分を計算する。

相続財産5,000万円
長男は1,000万円の財産形成に貢献した

被相続人　　寄与分を控除する　　配偶者(故人)

	寄与分	相続財産の総額
5,000万円　－	1,000万円	＝　4,000万円

- 長男　$4,000万円 \times \dfrac{1}{2} + 1,000万円$　＝3,000万円
- 次男　$4,000万円 \times \dfrac{1}{2}$　　　　　　＝2,000万円

●寄与分を主張できるケース

・被相続人の事業を無償で手伝ってきた
・被相続人の事業に資金提供をした
・長期にわたって被相続人の看護や介護をしたなど

※寄与分の額は相続人同士の協議で決定するが、協議がまとまらない場合は家庭裁判所が決定することになる(民法904条の2)。

05 相続人以外の者の貢献について

改正法によって、特別寄与者（相続人以外で被相続人の財産形成に寄与した人物）の遺産請求権が確立されました。

特別寄与料制度が新設された

要介護になった被相続人が亡くなる前、その配偶者もすでに高齢に達している場合が多いです。同居している子（長男とします）は仕事が忙しく介護ができない場合は、一緒に住んでいる子の配偶者（長男の嫁）が被相続人（義理の父母）の世話をすることでしょう。

病院に連れて行く、リハビリに付き添うなどの療養看護を無償で提供することになります。このような場合でも今までは、被相続人の介護などに貢献したとしても、相続人以外の者（長男の嫁など）には相続権はもちろん、一切の遺産請求の権利はありませんでした。

相続人（長男など）が被相続人の介護などに貢献した場合は、遺産分割の際に自分が寄与（特別の寄与）したとして請求することはできましたが、それでも遺産が長男の嫁のものになることはなかったのです。

以前からこのようなことは著しく公平性を欠くと指摘され、今回の改正で被相続人の介護などに貢献をした親族は、相続権はなくとも遺産を相続した人に対して金銭を請求できる制度（**特別寄与料制度**）が新設されました。

●親族の範囲は？

この制度で適用範囲となる親族は6親等（いとこの孫まで）内の血族、3親等（甥や姪まで）内の姻族です。この中に子の配偶者も含まれますが、事実婚や内縁関係などは含まれません。

●先に実子が亡くなっていた場合

　義理の親が亡くなる前に先に実子（長男など）が亡くなっていた場合でも被相続人（義理の親）への貢献に対して、**特別寄与料**の支払いを求めることが可能です。たとえ長男が先に亡くなっていたとしても、長男の嫁が義理の親の介護をしたりすれば、他の相続人（次男など）に対して介護の貢献度合いに応じて金銭を請求できます。ただし、相続人になれるわけではありません。

●実際に請求するには？

　特別寄与料制度は、2019（令和元）年7月1日に施行の予定です。また、あくまでも請求権があるだけで、遺産分割協議でどのように寄与分が判断されるか明確でない部分もあります。長男の嫁などが義理の親の介護などに携わった場合は、日付、要した時間、購入したもの、自分からの持ち出しになった費用などの詳細をノートなどにきちんと記録を残しておくことをお勧めします。

■親族の範囲

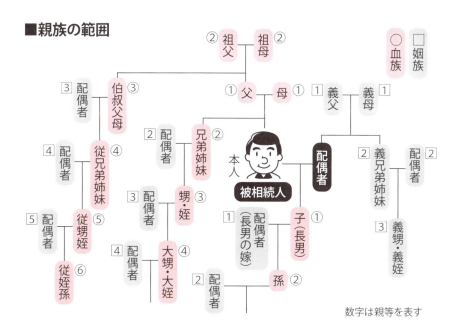

数字は親等を表す

06 相続税が課税されない財産

被相続人から相続した財産であっても、相続税がかからない財産（非課税財産）があります。

死亡退職金、生命保険金には非課税枠がある

相続税は相続財産にかけられる税金ですが、なかには相続税のかからない財産（以下、非課税財産）があります。具体的に非課税財産に該当するものを例示すると、主なものとして次の4つがあげられます。

①墓地や墓石、仏壇、仏具、神を祭る道具など日常礼拝をしている物
②相続人が国、地方公共団体または特定の公益を目的とする事業を行う特定法人等に寄付した財産
③非課税枠内で相続人が受取る死亡退職金など
④非課税枠内で相続人が受取る生命保険金（死亡保険金）

このうち①と②に関しては、それぞれ①は72ページ、②は84ページで詳しく説明していますので、そちらをご覧になってください。ここでは③の**死亡退職金**と④の**死亡保険金**について確認しておくとしましょう。

どちらも「非課税枠内で」となっているところが重要です。相続人が受取る死亡退職金は、支給される金額が被相続人の死亡後3年以内に確定したものは、**みなし相続財産**（142ページ参照）とされて相続税の課税対象となります。ただし、「**500万円×法定相続人の人数**」の金額までなら相続税がかかりません。例えば、残された遺族が妻と子の2人なら500万円×3人＝1,500万円までが非課税。

相続人が受取る死亡保険金（被相続人が保険料を負担していたもの）

も「500万円×法定相続人の人数」の金額までなら相続税がかからない非課税とされます（60ページ参照）。

■相続税がかからない財産（非課税財産）

1．墓地や墓石、仏壇、仏具、神を祭る道具など日常礼拝をしている物
※ただし、骨とう的価値があるなど投資の対象となるものや商品として所有しているものは相続税がかかる。

2．宗教、慈善、学術、その他公益を目的とする事業を行う一定の個人などが相続や遺贈によって取得した財産で公益を目的とする事業に使われることが確実なもの

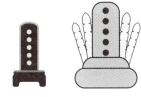

3．地方公共団体の条例によって、精神や身体に障害のある人またはその人を扶養する人が取得する心身障害者共済制度に基づいて支給される給付金を受ける権利

4．相続によって取得したとみなされる生命保険金のうち500万円に法定相続人の数を掛けた金額までの部分

5．相続や遺贈によってもらったとみなされる退職手当金等のうち500万円に法定相続人の数を掛けた金額までの部分

6．個人で経営している幼稚園の事業に使われていた財産で一定の要件を満たすもの
なお、相続人のいずれかが引き続きその幼稚園を経営することが条件となります。

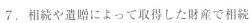

7．相続や遺贈によって取得した財産で相続税の申告期限までに国または地方公共団体や公益を目的とする事業を行う特定の法人に寄附したもの、あるいは、相続や遺贈によってもらった金銭で、相続税の申告期限までに特定の公益信託の信託財産とするために支出したもの

<国税庁ＨＰより>

■死亡退職金の扱いについて

　被相続人の死亡によって、被相続人に支給されるべきであった退職手当金、功労金その他これらに準ずる給与（以下、退職手当金等）を受取る場合で、被相続人の死亡後**3年以内**に支給が確定したものは、相続財産とみなされて相続税の課税対象となる。

●死亡後3年以内に支給が確定したものとは？

①死亡退職で支給される金額が、被相続人の死亡後3年以内に確定したもの

②生前に退職していて、支給される金額が被相続人の死亡後3年以内に確定したもの

●退職手当金等の非課税枠

　相続人が受取った退職手当金等はその全額が相続税の対象となるわけではない。すべての相続人[1]が取得した退職手当金等の合計額が非課税限度額以下であるときには、相続税は課税されない。

> ・非課税限度額の計算式
>
> **500万円** × 法定相続人の数[2] ＝ 非課税限度額

※1 相続を放棄した人や相続権を失った人は含まれない。
※2 法定相続人の数は、相続の放棄をした人がいても、その放棄がなかったものとした場合の相続人の数をいう。

> 【Attention】相続人以外の人が取得した退職手当金等には、非課税の適用はない。

■生命保険金の扱いについて

　被相続人の死亡によって取得した生命保険金や損害保険金で、その保険料の全部または一部を被相続人が負担していたものは、相続税の課税対象となる。

```
┌─────────────────────┐
│   被相続人が          │        ┌──────────────────┐
│ 保険料を負担していた   │  ───▶  │  相続人の財産となる  │
│   死亡保険金          │        └──────────────────┘
└─────────────────────┘
```

第1章　相続税はどんな税金か？

　ただし、死亡保険金（生命保険金等）の受取人が相続人※である場合、すべての相続人が受取った保険金の合計額が次の算式によって計算した非課税限度額を超えるとき、その超える部分が相続税の課税対象になる。

※相続を放棄した人や相続権を失った人は含まれない。

・非課税限度額

500万円 × 法定相続人の数 ＝ 非課税限度額

　死亡退職金等と同様に、法定相続人の数は、相続の放棄をした人がいても、その放棄がなかったものとした場合の人数をいう。また、相続人以外の人が取得した死亡保険金に非課税の適用がないのも同じ。

【参考】各人にかかる課税金額

相続人ひとり1人に課税される金額は、次の算式によって計算した金額となる。（62ページ参照）

$$\text{その相続人が受取った生命保険金の金額} - \text{非課税限度額} \times \frac{\text{その相続人が受取った生命保険金の金額}}{\text{すべての相続人が受取った生命保険金の合計額}} = \text{その相続人の課税される生命保険金の金額}$$

07 土地の評価方法について

土地は時価で評価します。評価方法は土地の所在する地域によって、路線価方式もしくは倍率方式で行います。

路線価方式と倍率方式

通常、不動産は相続財産に占める割合が大きく、金額も多額になります。いざ相続となった場合、相続人の立場からすると、これまで被相続人が所有していた土地（以下、宅地）と家屋の評価は非常に気になるところです。

まず、宅地の評価方法から見ていくとしましょう。宅地の評価方法には、①**路線価方式**と②**倍率方式**の２つがあります。この２つはどちらかを選択できるわけではなく、土地の所在する地域によって決まっています。すなわち、

市街地にある宅地　　　　　→　路線価方式

市街地以外の地域にある宅地　→　倍率方式

と定められています。

路線価方式は、路線価が定められている地域の土地の相続税評価方法です。路線価とは、市街地的形態を形成する地域の路線（不特定多数が通行する道路）に面する宅地の**1㎡当たりの評価額**のことです。この路線価方式によって宅地の相続税評価額を求めるときには、その土地の形や奥行きの長さ、間口の広さ等に応じて各種補正を行って評価額を計算します。

"補正"とは、例えば「うなぎの寝床」と形容されるような細長い宅地では用途が限られてしまうので、使い勝手のいい正方形や長方形の宅地

より少し割り引いて評価することです。

■宅地の評価方法

路線価方式または倍率方式で評価する。路線価及び倍率は、国税庁ホームページで閲覧することができる。

国税庁　路線価図・評価倍率表　　www.rosenka.nta.go.jp/

相続税評価額（路線価）は、土地取引の指標となる**公示価格**（地価公示価格）の8割程度の価格となっており、国税庁が毎年1月1日時点の価格を7月頃に公表している（その年の1月1日から12月31日までの間に相続、遺贈または贈与により取得した財産に係る相続税及び贈与税の財産を評価する場合に適用される）。主要な市街地ならば路線価が設定されていることが多い。

●路線価方式

路線（道路）に面する標準的な宅地の1m²当たりの価額（路線価）を基に計算した金額で評価する。

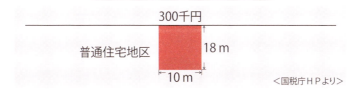

路線価方式による評価額の計算例

正面路線価：30万円
奥行価格補正率：1.00
面積：180 m²

評価額：30万円×1.00×180＝5,400万円

※普通住宅地区における奥行18mの場合の奥行価格補正率は、1.00である。

●倍率方式

路線価の定められていない地域についての評価方式。固定資産税評価額に一定の倍率を掛けて計算した金額で評価する。

08 マイナスの財産を控除する

もし被相続人が借金をしていたら、この債務も相続人は相続しなければならないのでしょうか？

マイナスの財産は債務控除される

　一般に相続といった場合、被相続人が残した土地や家屋、預貯金を引き継ぐというとらえ方をしてしまいがちです。しかし相続財産には**プラスの財産（積極財産）**と**マイナスの財産（消極財産）**があります。例えば、被相続人が借金を返済しないまま亡くなったとしたら、この債務はマイナスの財産として、相続人が引き継がなければなりません。

　親が残した預貯金（プラスの財産）は相続するけど、借金（マイナスの財産）は相続したくないというような都合のいいことはできないのです。でも、それほど心配しなくても大丈夫です。相続税を計算するときには、被相続人が残した借入金や未払金、未払税金などの債務を遺産総額から差し引くことができます。これを**債務控除**（相続税法13条および14条）と呼びます。

　仮に、被相続人が不動産や預貯金など5,000万円の財産、同時に2,000万円の借金を残して死亡したとします。このようなケースでは、プラスの財産（5,000万円）からマイナスの財産（2,000万円）を差し引いた3,000万円が正味の相続財産であり、この金額が相続税の課税対象になります。

葬式費用も差し引ける

　債務控除を受けられるものは借入金等に限られません。お葬式の費用も差し引けます。本来、葬式費用は債務ではありませんが、相続開始に伴って発生する費用として、相続税を計算する上では、マイナスの財産と取り扱われ、控除されるのです。

■葬式費用となるもの、ならないもの

　遺産総額から差し引くことができる葬式費用は、次のようなものである。

①葬式や葬送に際し、またはこれらの前において、火葬や埋葬、納骨をするためにかかった費用（仮葬式と本葬式を行ったときにはその両方にかかった費用が認められる）
②遺体や遺骨の回送にかかった費用
③葬式の前後に生じた費用で通常葬式に欠かせない費用（例えば、お通夜などにかかった費用）
④葬式に当たりお寺などに対して読経料などのお礼をした費用
⑤死体の捜索または死体や遺骨の運搬にかかった費用

　次のような費用は、遺産総額から差し引く葬式費用には該当しない。

①香典返しのためにかかった費用
②墓石や墓地の買入れのためにかかった費用や墓地を借りるためにかかった費用
③初七日や法事などのためにかかった費用

【ワンポイント】債務が大きいときは相続放棄（そうぞくほうき）をする！
　遺産が「プラス財産＜マイナス財産」の場合は、相続放棄をする（184ページ参照）。ただし、相続放棄をするとマイナスの財産とプラスの財産、どちらも放棄することになる。

第1章　相続税とはどんな税金か？

09 配偶者の相続は税額が安くなる

配偶者が相続をした場合、税金が安くなる「配偶者に対する相続税額の軽減」という制度があります。

配偶者に対する相続税額の軽減

　所得税の**配偶者控除**（所得税法83条）は、よく知られています。納税者に所得税法上の控除対象配偶者がいる場合に、一定の金額（一般の控除対象配偶者：**38万円**）の所得控除が受けられるというものです。

　実は配偶者控除という制度、相続税にもあります。どういうものかというと、「配偶者の相続する遺産が1億6,000万円までなら相続税が非課税」となる制度です。配偶者控除は、正式には「**配偶者に対する相続税額の軽減**」（相続税法19条の2）といい、被相続人の配偶者が取得した正味の遺産額が、次の金額のどちらか多い金額までは、配偶者に相続税がかかりません。

①1億6,000万円　②配偶者の法定相続分相当額

節税効果が大きい配偶者控除を活用する

　例えば、1億円の遺産を残して夫が亡くなり、妻と子が相続人になる場合を考えてみましょう。法定相続人は2人ですから、妻と子それぞれ2分の1ずつで5,000万円を相続します。

　配偶者である妻は、1億6,000万円と法定相続分相当額（このケースでは5,000万円）のどちらか多い金額までは相続税がかかりません。改めて確認するまでもなく、妻が相続する5,000万円は1億6,000万円より低いわけで、妻は相続税が非課税になります。

　このように、配偶者控除を活用することで、事実上、配偶者は相続税を払わなくてもよいケースがかなり多くなるのです。

■配偶者控除（配偶者に対する相続税額の軽減）

① 1億6,000万円
② 配偶者の法定相続分相当額

被相続人　　　　　　　　　　　　　　　　　配偶者

　配偶者が取得する遺産額が①、②の金額のどちらか多い金額までならば、配偶者には相続税がかからない。

※配偶者は、婚姻の届出をした者に限るものとする。いわゆる内縁関係にある者は、当該配偶者には該当しない。

■結構な資産家でも相続税はゼロに!!
　配偶者が取得する遺産が1億6,000万円以上であっても、法定相続分までなら相続税がかからない。

配偶者が2.5億円を相続しても法定相続分なので　相続税はゼロ

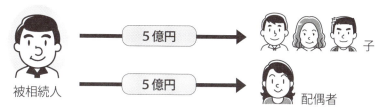

配偶者が5億円を相続しても法定相続分なので　相続税はゼロ

10 相続税法改正の影響

2015（平成27）年1月から相続税の基礎控除額がこれまでの6割に縮小され、課税対象となる人が以前より1.8倍に増えました。

ホントにあなたにも相続税がかかるのか？

　ご存じのように2015（平成27）年から相続税法が改正されました。この改正で変わった点としては、まず相続税の**基礎控除引下げ**と**税率構造の見直し**があげられます。基礎控除が引下げられたことで、多くの人に影響があるとマスコミ等で喧伝されましたが、本当に一般の人たちも相続税と無縁ではなくなったのか？　ここで改めて法改正の内容について確認しておきましょう。

●相続税の基礎控除額の引下げ

　相続税は、プラスの財産—マイナスの財産＝課税対象の財産（相続税の課税価格）に対して課される税金です。この相続税の課税価格から基礎控除というものが控除されます。

相続税の基礎控除額		
	2014（平成26）年まで	2015（平成27）年から
定額控除	5,000万円	3,000万円
法定相続人比例控除	1,000万円×法定相続人の数	600万円×法定相続人の数

　そうすると、算式は「プラスの財産—マイナスの財産—基礎控除額」となります。これを**課税遺産総額**といいます。

　確かに、基礎控除額が減額されたことで、今までよりも相続税を納める人は増えました。

●相続税の税率構造の見直し

　次に、財産を相続した人に課せられる相続税の税率はどのように変わったでしょうか？

相続税の税率速算表

2015（平成27）年1月1日以後相続開始の場合

法定相続分に応じた各人の取得金額		税　率	控除額
	1,000万円以下	10%	0円
1,000万円超	3,000万円以下	15%	50万円
3,000万円超	5,000万円以下	20%	200万円
5,000万円超	1億円以下	30%	700万円
1億円超	2億円以下	40%	1,700万円
2億円超	3億円以下	45%	2,700万円
3億円超	6億円以下	50%	4,200万円
6億円超		55%	7,200万円

2014（平成26）年12月31日以前相続開始の場合

法定相続分に応じた各人の取得金額		税　率	控除額
	1,000万円以下	10%	0円
1,000万円超	3,000万円以下	15%	50万円
3,000万円超	5,000万円以下	20%	200万円
5,000万円超	1億円以下	30%	700万円
1億円超	3億円以下	40%	1,700万円
3億円超		50%	4,700万円

　上の表を見ればわかるように、平成27年以後は1億円超の部分について、税率の区分が細かくなっています。また、最下段の6億円超の部分が増設されており、税率も最高税率が50％から55％となっています。高額の遺産を取得した人が増税対象となっているのがわかります。

■最近の制度改正

　資産課税についてはいくつかの制度改正が行われた。すべての人に該当するわけではないが、改正点の中から主なものを取り上げる。

1. 民法の成年年齢引き下げに伴い、以下の適用年齢が変更される

2022（令和4）年4月1日以後の相続・贈与から適用

①未成年者控除の適用対象が20歳未満から18歳未満へ

②相続時精算課税制度の受贈者の年齢20歳以上から18歳以上へ

③直系尊属から贈与を受けた場合の特例対象税率の適用が20歳以上から18歳以上へ

④事業承継税制の非上場株式の贈与税納税猶予制度の対象受贈者の年齢が20歳以上から18歳以上へ

　それぞれ変更される。

2. 空き家を相続した相続人が不動産を売却した際の譲渡所得の3,000万円特別控除

　老人ホームに入居したため空き家になった場合でも、一定要件を満たせば3,000万円特別控除が適用される。

2019（平成31）年4月1日以後の譲渡より適用

3. 教育資金の一括贈与の変更点

2019（平成31）年4月1日以後の相続から適用開始。経過措置あり

①2021（令和3）年3月31日まで期間が延長された。

②2019（平成31）年4月1日以後の信託より、所得制限が設定された。

・受贈者の前年の合計所得金額が1,000万円を超えたら適用なし。

③2019（令和元）年7月1日以後、支払われる教育資金について範囲が変更された。

・23歳以上の子や孫について、習い事など一定のものについては適用されない。

・30歳時点において学校等に在学している者などは贈与税を課税しない
など、30歳以上の就学継続に一定の配慮が設けられた。

④贈与者の相続開始前3年以内に行われた贈与について、相続開始日に
おいて受贈者が23歳未満であるなど一定の場合を除き、残高を相続財産
に加算する。

4.結婚・子育て資金の一括贈与の変更点

2019（平成31）年4月1日以後の信託から適用開始

　受贈者の前年の合計所得金額が1,000万円を超える場合には適用され
ない。

5.小規模宅地等（事業用宅地）の特例の見直し

　相続開始前3年以内に、事業の用に供された宅地は特例の対象とはな
らない。　　　　　　※ただし、この宅地の上で事業の用に供されている償却資産の価
　　　　　　　　　　　額が宅地の相続時の価額の15％以上であれば特例が適用される。

6.土地の相続登記に対する一定の場合の登録免許税の免税措置の創設

7.美術館に寄託していた美術品について相続税の一定の納税猶予制度の創設

8.農地等の相続税・贈与税の納税猶予制度の見直し

9.国外に住む日本国籍を持たない者の相続税・贈与税の納税義務の見直し

●特定事業用宅地等に係る小規模宅地等の特例の見直し

　2019（平成31）年度税制改正では、小規模宅地等の特例についても改正があっ
た。特定事業用宅地等について、相続開始前3年以内に事業の用に供された
場合は適用対象から除外されることになった。ただし、その宅地の上で事業の
用に供されている償却資産の価額が、その宅地の相続時の価額の15％以上で
あれば、特例の適用対象とされる。

　この改正の対象となるのは2019（平成31）年4月1日以後の相続からであ
る。小規模宅地等の特例については、本来の目的から外れた節税方法として行
われていることから前年の貸付事業用宅地等についても改正があり、駆け込み
で相続対策に利用されないようにしている。

11 家族名義の預金は誰のもの？ 名義預金

専業主婦の妻が家計をやり繰りしてコツコツ貯めたへそくり。このお金は妻の財産と見ていいのでしょうか？

名義預金とは何だ？

名義預金という言葉を聞いたことがあるでしょうか？　名義預金とは、形式的には家族の名前で預金しているものの、実質的にはそれ以外の真の所有者がいるような預金をいいます。例えば、次のようなものが名義預金の典型例とされます。

①父親が子供のために子供名義の預金口座に貯めたお金
②専業主婦の妻が家計をやり繰りして貯めたへそくり

　これらのお金は名義預金として、夫（父親）が亡くなった場合は相続税の対象になります。他人名義の預金にしておけば、相続財産から除かれるわけではありません。名義さえ違えば、相続財産を減らせるなどという安易な考え方はやめましょう。

名義を借りた株式は名義株式に

　相続税の税務調査でよく調査されるのが名義預金です。そして実際に、申告漏れを指摘されることが多いのも、名義預金だといわれます。申告漏れとなると、相続税の**追徴課税**が行われ、**延滞税**なども課税されることもあります。本来、相続財産に含めなければいけなかったものを除いてしまったのですから、追徴課税をされても仕方がないでしょう。

　単に名義だけで実質的な所有者は別ということは、株式などの有価証券でもあります。妻名義の株式であっても、その購入資金の出所が夫であれば、**名義株式**と認定されてしまいます。

38

■専業主婦である妻名義の預金

預金の名義は妻だけど、お金の出所は夫の場合
↓
妻名義の預金は名義預金とされ、
夫から妻に相続されたことになる
↓
相続税が課税される

■名義預金にしないための対処法

名義預金とみなされないためには、その預貯金が生前に被相続人から相続人に贈与したものであることが証明できればよい。

その具体策としては、

①贈与した事実を残しておく
②贈与税の申告・納付を行う
③贈与した者は贈与した財産について一切タッチしない

贈与契約書を作成して、贈与があったことを証明する書面を残しておく。また、金銭のやり取りは銀行口座振り込みなど、形に残る方法で金銭の移動があったことを証明できるようにして行う※。妻名義の預金口座であれば、印鑑は夫のものとは別のものを使用し、妻自らが管理する（自分のお金として自由に使える）。

※年間110万円未満の贈与ならば贈与税の申告をする必要がなく、贈与契約書を作成するだけでよい。

■贈与契約書（見本）　夫から妻へ贈与する場合

贈与契約書

贈与者　山田太郎　を甲とし、受贈者　山田花子　を乙として、甲乙間において次の通り贈与契約を締結した。

第1条　甲は、乙に対して、現金110万円を贈与することを約し、乙はこれを承諾した。

第2条　甲は、当該財産を令和〇年〇月〇日までに乙の指定口座に振り込むものとする。

上記契約を証するため本書を2通作成し、甲乙各1通を保有する。

令和〇年〇月〇日

　　　　　　　　贈与者(甲)　住所　東京都豊島区南大塚4-5-6
　　　　　　　　　　　　　　氏名　山田　太郎　

　　　　　　　　受贈者(乙)　住所　東京都豊島区南大塚4-5-6
　　　　　　　　　　　　　　氏名　山田　花子

■贈与契約書（見本）　祖父から孫へ贈与する場合

贈与契約書

贈与者　山田太郎　を甲とし、受贈者　山田大輔　を乙として、甲乙間において次の通り贈与契約を締結した。

第1条　甲は、乙に対して、現金110万円を贈与することを約し、乙はこれを承諾した。
第2条　甲は、当該財産を令和〇年〇月〇日までに乙の指定口座に振り込むものとする。

上記契約を証するため本書を2通作成し、甲乙各1通を保有する。

令和〇年〇月〇日

　　　　　　　贈与者(甲)　住所　東京都豊島区南大塚4‐5‐6
　　　　　　　　　　　　　氏名　山田　太郎

　　　　　　　受贈者(乙)　住所　東京都豊島区南大塚5‐6‐7
　　　　　　　　　　　　　氏名　山田　大輔

　　　　　　　受贈者の親権者　住所　東京都豊島区南大塚5‐6‐7
　　　　　　　　　　　　　氏名　山田　隼人

　　　　　　　受贈者の親権者　住所　東京都豊島区南大塚5‐6‐7
　　　　　　　　　　　　　氏名　山田　かおり

12 相続税の計算

相続税の計算はやや複雑です。税額の計算の流れを理解することが大事で、大きく4つの手順で最終的な相続税額が算出されます。

相続税の計算方法

　ここまでの説明で、**課税遺産総額**（34ページ参照）の算出まではわかったと思いますので、さらにその続きとして税額の計算までをやってみるとしましょう。

【ステップ1】 各人の法定相続分に応じた取得額

　課税遺産総額を、法定相続分に応じた取得額に分けます。ここでは、誰がいくら相続するかは関係なく、あらかじめ決まっている法定相続分によって計算します。

課税遺産総額 × 各人の法定相続分 ＝ **各人の法定相続分に応じた取得額**

【ステップ2】 相続税の総額のもととなる税額

　続いて、ステップ1の各人の取得額に相続税の税率を乗じて、乗じた後の金額を合計します。

各人の法定相続分に応じた取得額 × 相続税の税率 ＝ **相続税の総額のもととなる税額**

　これでようやく相続にかかわる相続税の総額が算出されます。そしてここから、各人の相続税額を算出していくこととなります。

【ステップ3】 算出税額

相続税額の総額を、各人が実際に相続した割合によって按分します。相続人が3人いて、均等に3分の1ずつ相続したら、相続税の総額を3分の1にした税額が各人の相続税額ということになります。

【ステップ4】　相続税額の加算・控除

　相続人の中に未成年者がいたら**未成年者控除**（46ページ参照）が受けられます。また、**配偶者に対する相続税額の軽減**（32ページ参照）はここで計算します。また、控除だけでなく加算もあります。

【ステップ5】　納付すべき相続税額

　ステップ3の算出税額からステップ4の相続税額の加算・控除の額を加減算して、納付すべき相続税額が計算されます。

相続税の計算は税理士に任せた方がいい

■相続税の税率速算表（35ページと同じ）

2015（平成27）年1月1日以後相続開始の場合

法定相続分に応じた各人の取得金額		税　率	控除額
	1,000万円以下	10%	0円
1,000万円超	3,000万円以下	15%	50万円
3,000万円超	5,000万円以下	20%	200万円
5,000万円超	1億円以下	30%	700万円
1億円超	2億円以下	40%	1,700万円
2億円超	3億円以下	45%	2,700万円
3億円超	6億円以下	50%	4,200万円
6億円超		55%	7,200万円

第1章　相続税とはどんな税金か？

■相続税の計算手順

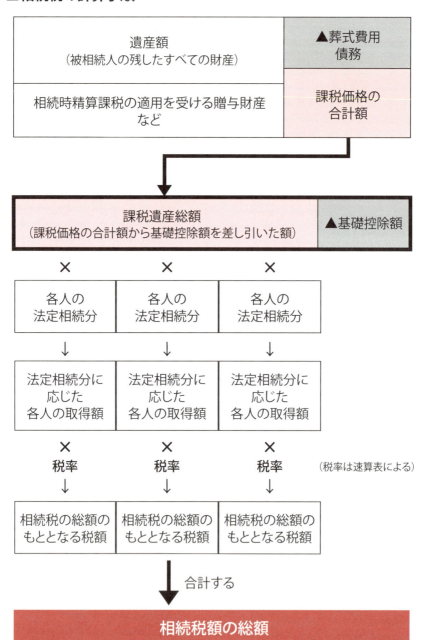

第1章 相続税はどんな税金か?

```
         相続税額の総額
    ×           ×           ×
 各人の按分割合  各人の按分割合  各人の按分割合
    ↓           ↓           ↓
 各人の算出税額  各人の算出税額  各人の算出税額
    ↓           ↓           ↓
  相続税額の    相続税額の    相続税額の        ※注1
  加算・控除    加算・控除    加算・控除
    ↓           ↓           ↓
 相続時精算課税分の 相続時精算課税分の 相続時精算課税分の ※注2
  贈与税額控除   贈与税額控除   贈与税額控除
    ↓           ↓           ↓
  各人の納付    各人の納付    各人の納付
 または還付税額 または還付税額 または還付税額
```

注1:相続税の2割加算(65ページ参照)、配偶者に対する相続税額の軽減(32ページ参照)、未成年者の税額控除(46ページ参照)など
注2:相続時精算課税については、102ページ参照。

相続人は妻・子2人

13 未成年者控除と障害者控除

相続人が未成年者である場合や障害者である場合は、相続税の額から一定の金額が控除されます。

未成年者の税額控除

相続（または遺贈※）により財産を取得した法定相続人が未成年者の場合は、算出された相続税の額から次の算式で計算した金額を控除します（相続税法19条の3）。

【算式】

未成年者控除額＝10万円×（20－年齢）

例えば、相続人が18歳であれば、10万円×（20 － 18）＝ 20万円が**未成年者控除額**として、相続税の額から差し引かれることになります。

障害者の税額控除

相続（または遺贈）により財産を取得した法定相続人が85歳未満の障害者の場合は、算出された相続税の額から次の算式で計算した金額を控除します（相続税法19条の4）。

【算式】

一般障害者の場合：障害者控除額＝10万円×（85－年齢）

特別障害者の場合：障害者控除額＝20万円×（85－年齢）

例えば、相続人が40歳の一般障害者であるときは、10万円×（85 － 40）＝ 450万円が**障害者控除額**として、相続税の額から差し引かれます。未成年者控除と障害者控除、どちらも相続時の年齢が若いほど、控除額

が大きくなります。

※遺言により無償で他人（受遺者）に財産を与えること。

■未成年者控除を受けられる人

未成年者控除が受けられるのは、次の**すべて**に当てはまる人。
①相続や遺贈で財産を取得したときに、日本国内に住所がある人
②相続や遺贈で財産を取得したときに、20歳未満※である人
③相続や遺贈で財産を取得した人が法定相続人（相続の放棄があった場合には、その放棄がなかったものとした場合における相続人）であること

※2022（令和4）年4月1日より未成年者控除は18歳未満が対象となる。

未成年の相続人

■障害者控除を受けられる人

障害者控除が受けられるのは、次の**すべて**に当てはまる人。
①相続や遺贈で財産を取得したときに、日本国内に住所がある人
②相続や遺贈で財産を取得したときに、障害者である人
③相続や遺贈で財産を取得した人が法定相続人（相続の放棄があった場合には、その放棄がなかったものとした場合における相続人）であること

> **特別障害者**
> 　障害者のうち、次の特に重度の障害のある方
> ・身体障害者手帳に身体上の障害の程度が一級または二級と記載されている方
> ・精神障害者保健福祉手帳に障害等級が一級と記載されている方
> ・重度の知的障害者と判定された方
> ・いつも病床にいて、複雑な介護を受けなければならない方　など

第1章　相続税とはどんな税金か？

14 小規模宅地等の特例の基礎知識

小規模宅地等の特例が適用されると、330㎡までの自宅の土地の
評価額が80%減額できます。

小規模宅地等なら驚きの80%引き

　個人が相続（または遺贈）により取得した財産のうち、相続開始の直前において被相続人等の事業の用に供されていた宅地等または被相続人等の居住の用に使用されていた宅地等のうち、一定の選択をしたもので限度面積までの部分（以下「小規模宅地等」）については、相続税の課税価格に算入すべき価額の計算上、一定の割合が減額されます（租税特別措置法69条の4）。

　この特例を「**小規模宅地等についての相続税の課税価格の計算の特例**」（以下、**小規模宅地等の特例**）といいます。

　要するに、小規模宅地等の特例とは「被相続人が自宅として住んで使っていた土地については、その評価を80%減の金額にしますよ」ということです。この特例のおかげで、相続税の納税のために、親が住んでいた自宅を泣く泣く売却することが回避できることも多く、小規模宅地等の特例のメリットは非常に大きなものがあります。

　ただし、この特例を使うには**宅地等の要件**と**取得者の要件**があります。まず宅地等の要件についてですが、小規模というように面積の制限があり、居住用の場合**330㎡**が限度面積とされています。

　取得者の要件、つまりこの特例を使えるのは3人だけです。1人目は配偶者、例えば夫を亡くした妻が自宅を相続する場合です。2人目は同居親族、被相続人と一緒に住んでいた親族です。3人目は、被相続人と同居していない親族で、かつ、3年以上自分の持ち家に住んだことがない人（いわゆる、3年内の家なき子）です。

■小規模宅地等の特例

対象宅地	限度面積	減額される割合
居住用	330m²	80%
事業用（貸付事業を除く）	400m²	80%
貸付事業用	200m²	50%

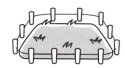

居住用宅地なら330㎡（100坪）まで

要件を満たせば、評価額が80%減額される！

取得者の要件＜居住用宅地の場合＞

①配偶者
　要件なし

②同居親族
・相続税の申告期限まで引き続きその家屋に居住していること
・その宅地等を相続税の申告期限まで、保有していること

③同居していない親族
・被相続人に配偶者や同居していた親族がいないこと
・相続開始前3年以内に自己または自己の配偶者もしくは3親等内の親族・同族会社等が所有する家屋に居住していないこと
・その宅地等を相続税の申告期限まで、保有していること

> **注意** 相続開始前3年以内に贈与により取得した宅地等（104ページ参照）や相続時精算課税（102ページ参照）に係る贈与により取得した宅地等については、この特例の適用を受けることはできない。

15 相続税の申告・納付

相続税は申告納税制度がとられており、相続の開始があったことを知った日の翌日から10カ月以内に申告しなければなりません。

相続税の申告書の提出義務者

相続の申告・納付については、相続税法に原則として、以下のように定められています。基本的事項を確認してください。

【誰が申告対象者か？】（相続税法1条の3）
被相続人から相続または遺贈（相続時精算課税にかかわる贈与を含む）により財産を取得した者。

【どんな場合に申告が必要か？】（相続税法27条）
上記の者にかかる相続税の課税価格の合計額が遺産にかかる基礎控除額（3,000万円＋600万円×法定相続人の数）を超え、かつ、相続税額があるとき。

【いつまでに申告・納税をするのか？】（相続税法27条）
相続の開始があったことを知った日の翌日から**10カ月以内**。

【どこに申告書を提出するのか？】（相続税法62条）
被相続人の納税地の所轄税務署長。

■相続税の申告

前ページでは相続税の申告に関する「原則」を述べたが、いろいろと例外もある。ここでは誤解されやすい事項を取り上げる。

①相続税額がないとき

納付すべき税額がない人は、相続税の申告をする必要はないが、申告をすることで適用可能となる制度もあるので注意が必要。代表的なものとしては、**小規模宅地等の特例**（48ページ参照）や**配偶者に対する相続税額の軽減**（32ページ参照）など。このような特例の適用を受けるときは申告をしなければならない。

②申告書の提出先

相続人の納税地に申告書を提出するのではなく、被相続人（亡くなった人）の住所地を管轄する税務署に相続税の申告書を提出する。

③遺産分割協議がまとまらない場合の申告期限

申告義務がある場合において、申告期限までに**遺産分割協議**（146ページ参照）がまとまらない場合などは、いったん法定相続分で分割したと仮定して申告期限内に申告書を提出し、納税をしておく。その後、分割が確定したときに改めて正しい申告・納税を行う。

④特例の適用について

未分割のままで仮の申告をすると、本来適用できるはずの小規模宅地等の特例や配偶者の税額軽減などの制度が使えなくなる。そのため仮申告時に「**申告期限後3年以内の分割見込書**」を必ず添付しておく。分割確定までは、小規模宅地等の特例や配偶者に対する相続税額の軽減が適用できないので、仮にとはいえ相続人の税額負担は大きなものとなることが少なくない。できるだけ速やかに遺産分割ができるよう、生前に対策をプランニングしておいた方がいい。

16 相続税の物納と延納について

税金は金銭で納付するのが原則ですが、場合によっては現物で相続税を納めることが可能です。

相続税の延納と物納

相続税のような国税の納付は、金銭で1回の納付で済ませるのが原則です。しかし、相続税額が10万円を超え、金銭で納付することを困難とする事由がある場合には、納税者の申請により、その納付が困難な金額を限度として、担保を提供することにより、年賦で納付することができます。

これを**延納**といいます（相続税法38～40条）。ただし、延納期間中は**利子税**（54ページ参照）の納付が必要です。

前述のように、基本的に国税は金銭で納付することが原則なのですが、相続税については延納によっても金銭で納付することを困難とする事由がある場合には、納税者の申請により、その納付困難な金額を限度として一定の相続財産による**物納**が認められています（相続税法41～48条）。物納とは、文字通り"モノ"で納付する方法です。

現実問題として、延納・物納の制度を活用するケースは、例えば相続税額が多額で、相続財産のほとんどが不動産であるような場合が該当します。実際、相続財産はあっても預貯金が少なく、不動産ばかりでは、相続税を金銭で払うことが困難な状況になることでしょう。

そのような場合に、延納・物納を行うのです。ちなみに、この2つの制度は併用可能。延納の許可を受けた相続税額について、その後に延納条件を履行することが困難となった場合には、申告期限から10年以内なら、延納から物納への変更を行うことができます（相続税法48条の2：特定の延納税額に係る物納）。

■延納の要件

次に掲げるすべての要件を満たす場合に、延納申請をすることができる。

①相続税額が10万円を超えること。
②金銭で納付することを困難とする事由があり、かつ、その納付を困難とする金額の範囲内であること。
③延納税額及び利子税の額に相当する担保を提供すること。
　ただし、延納税額が100万円以下で、かつ、延納期間が3年以下である場合には担保を提供する必要はない。
④延納申請に係る相続税の納期限または納付すべき日（延納申請期限）までに、延納申請書に担保提供関係書類を添付して税務署長に提出すること。

●担保として認められるもの

延納の担保として提供できる財産の種類は、次に掲げるものに限られる。
①国債及び地方債
②社債その他の有価証券で税務署長が確実と認めるもの
③土地
④建物、立木、登記される船舶などで、保険に附したもの
⑤鉄道財団、工場財団など
⑥税務署長が確実と認める保証人の保証

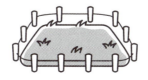 

■延納期間と延納にかかる利子

延納のできる期間と延納にかかる利子税の割合については、その人の相続税額の計算の基礎となった財産の価額の合計額のうちに占める不動産等の価額の割合によって、おおむね次の表のようになる。

区分		延納期間（最高）	延納利子税割合（年割合）	特例割合
不動産等の割合が75％以上の場合	①動産等に係る延納相続税額	10年	5.4%	1.1%
	②不動産等に係る延納相続税額（③を除く）	20年	3.6%	0.7%
	③森林計画立木の割合が20％以上の森林計画立木に係る延納相続税額	20年	1.2%	0.2%
不動産等の割合が50％以上75％未満の場合	④動産等に係る延納相続税額	10年	5.4%	1.1%
	⑤不動産等に係る延納相続税額（⑥を除く）	15年	3.6%	0.7%
	⑥森林計画立木の割合が20％以上の森林計画立木に係る延納相続税額	20年	1.2%	0.2%
不動産等の割合が50％未満の場合	⑦一般の延納相続税額（⑧、⑨及び⑩を除く）	5年	6.0%	1.3%
	⑧立木の割合が30％を超える場合の立木に係る延納相続税額（⑩を除く）	5年	4.8%	1.0%
	⑨特別緑地保全地区等内の土地に係る延納相続税額	5年	4.2%	0.9%
	⑩計画伐採立木の割合が20％以上の計画伐採立木に係る延納相続税額	5年	1.2%	0.2%

なお、各年の延納特例基準割合※が7.3％に満たない場合の利子税の割合は、次の算式により計算される割合（特例割合）が適用される。

〔算式〕
延納利子税割合（年割合）× 延納特例基準割合 ÷ 7.3%

※**延納特例基準割合** 各分納期間の開始の日の属する年の前々年の10月から前年の9月までの各月における銀行の新規の短期貸出約定平均金利の合計を12で除して得た割合として各年の前年の12月15日までに財務大臣が告示する割合に、年1％の割合を加算した割合。

■物納の要件

次に掲げるすべての要件を満たしている場合に、物納の許可を受けることができる。

①延納によっても金銭で納付することを困難とする事由があり、かつ、その納付を困難とする金額を限度としていること。
②物納申請財産は、納付すべき相続税額の課税価格計算の基礎となった相続財産のうち、次に掲げる財産及び順位で、その所在が日本国内にあること。

【第1順位】 不動産、船舶、国債証券、地方債証券、上場株式等[1]
【第2順位】 非上場株式等[2]
【第3順位】 動産

※1 特別の法律により法人の発行する債券及び出資証券を含み、短期社債等を除く。
※2 特別の法律により法人の発行する債券及び出資証券を含み、短期社債等を除く。

■管理処分不適格財産

次に掲げるような財産は、物納に不適格な財産とされる。
・担保権が設定されていることその他これに準ずる事情がある不動産
・権利の帰属について争いがある不動産
・境界が明らかでない土地
・耐用年数を経過している建物（通常の使用ができるものを除く）など

17 物納申請の進め方

相続税を金銭で納付することが困難であり、かつ延納をしても納付が難しいとなったら物納申請を行います。

上場株式等の順位が上がった

2017（平成29）年4月1日以後の物納申請から物納財産の順位が変わりました。上場株式等が国債及び不動産等と同順位とされ、物納財産の範囲に上場されている投資証券等（Ｊリートなど）が加えられました（55ページ参照）。

これによって、預貯金等がなく延納もできない場合には、不動産を持っていたとしても、原則として上場有価証券等が同順位で物納できることとなります。しかし、そうなると同順位の中の物納財産のうち、どの財産を優先して選択するかという問題が出てきます。

不動産と上場株式等どちらを選択するか？

物納財産の**収納価額**※は相続税評価額です。上場有価証券等を売却し、売却時の手数料と税金を控除した後の手取金額をもって相続税を納付すべきか、上場有価証券等の相続税評価額をもって物納すべきか、有利な方を選択すればよいということになります。

これについては従来からの不動産についても同じことがいえますが、比較対象が上場有価証券等と不動産も含めて**売却後の金額**と**相続税評価額**のいずれか有利な方を選択することになるでしょう。

具体的には、例えば相続した実家等の不動産が今後値上がりすることが見込めるのならば、物納財産に充てるのは上場株式等を選択した方が得策といえます。ただし、この判断は大変難しく、社会経済情勢の変化によって損得が変わってくることもあり得ます。

※物納財産を国が引き取る価格のこと。

■物納手続きの流れ

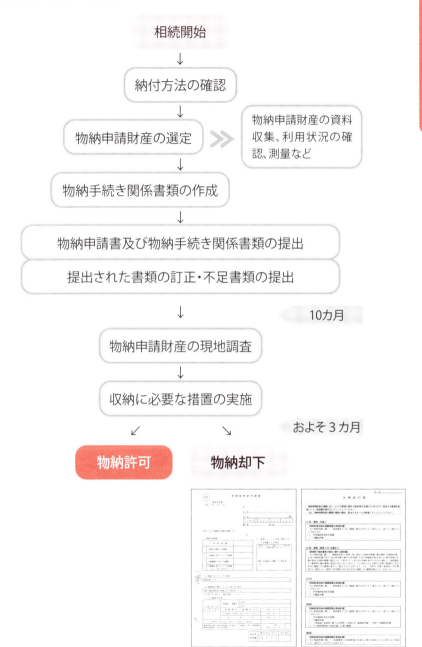

相続税物納申請書

【コラム】
預貯金の仮払い制度の創設

●遺産分割協議前に払戻しが受けられる

　現行では相続人間で遺産分割協議（146ページ参照）が終了するまでは、被相続人の口座は凍結されてお金が下ろせないままで、口座の名義人の変更はできませんでした。このような状況で、当面必要な葬儀費用、被相続人の入院費や借入金の返済などのためお金が入り用だった場合は、相続人の誰かが立て替え払いをするなどして支払いをするのが通例でした。

　この不便さを解消するため、平成30年の民法改正に伴い、被相続人の預貯金の仮払い制度が新設されました。請求方法は2通りあります。

　ひとつは家庭裁判所で手続きする方法です。家庭裁判所に遺産分割の審判または調停を申立て、預貯金の仮払いを申立てると、家庭裁判所の判断により他の相続人の利益を害さない範囲で仮払いが認められます。手続きが煩雑でコストや時間もかかりますが、仮払金に上限は設けられておらず、相続人の生活費や被相続人の債務の返済などで割と大きな金額が必要な場合に利用することになると思われます。

　もう一つは相続人が金融機関の窓口で直接仮払いを受ける制度です。

　こちらは、以下の算式で計算した上限額があります。

【相続開始時の預貯金の額×1／3×相続人の法定相続分≦150万円】

例：預金額が1,500万円だった場合に配偶者がこの制度を利用すると
1,500万円×1／3×1／2＝250万円≧150万円➡下ろせる金額は150万円

　となります。この制度を使うには、法定相続人であることを示すために法定相続情報もしくは戸籍謄本などを取得して提出しなければなりません。家庭裁判所の手続きに比べれば簡素化されているので、葬儀費用など急ぎのお金が必要な場合での利用が考えられます。

　どちらの場合も、仮払いされた預貯金はその相続人が遺産分割により取得したものとみなされます。なお、この制度は2019（令和元）年7月1日から施行される予定となっています。

第2章
節税テクニックの基本

01 生命保険を使った相続税対策

被相続人が保険料を支払っていた生命保険金（死亡保険金）を相続人が受取ると、それは相続財産となり相続税がかかります。

500万円の非課税枠を上手に使う

24 ～ 27 ページで説明したように、**生命保険金**（死亡保険金）は相続税の課税対象になりますが、一定額までは税額計算の対象外とされます。

税法上、死亡保険金は次のように扱われます。

「被相続人の死亡によって取得した生命保険金等で、その保険料の全部または一部を被相続人が負担していたものは相続税の課税対象」となります。

この死亡保険金の受取人が相続人[1]である場合、すべての相続人が受取った保険金の合計額が**非課税限度額**を超えるとき、その超える部分が相続税の課税対象になるわけです。非課税限度額は、次の算式によって計算されます。

500万円 × 法定相続人の数[2] ＝ 非課税限度額

なお、相続人以外の人が取得した死亡保険金には非課税の適用はなしです。相続人以外の人が保険金を受取っても、何の控除もありません。死亡保険金は、残された遺族の生活保障という目的を持っているため、非課税とされるのは相続人が保険金を受取る場合に限られるのです。いずれにしても、相続人1人当たり500万円の非課税枠があるわけで、この仕組みを上手に活用することは、相続税の節税に大いに効果を発揮します。

※1 相続を放棄した人、相続権を失った人は含まれない。
※2 相続を放棄した人、相続権を失った人も含まれる。

■生命保険活用のメリット

① 「500万円×法定相続人の数」の非課税枠がある
② 受取った保険金を納税資金として使える
③ 受取人に属する固有財産になるため争いを防げる

1人当たり500万円の非課税枠がある

なかでも、③の"相続(争族)"回避のために「誰にいくら残したいのか」を指定できるメリットに注目すべき。

■夫が契約者の場合にかかる税金

死亡保険金の場合

契約者(保険料負担者)	被保険者	受取人	かかる税金
夫	妻	夫	所得税
夫	夫	妻または子	相続税 (26〜27ページ参照)
夫	妻	子	贈与税

契約者と被保険者及び受取人の関係によって
相続税、所得税、贈与税のいずれかの税金がかかってくる。
↓　つまり
契約の仕方で、かかる税金の種類が違ってくる

> 相続税対策としては、受取る生命保険金（死亡保険金）
> が相続税の対象になるような契約をすることが大事！

■**死亡保険金にかかる相続税**

各相続人ひとり1人に課税される金額は、次の算式によって計算した金額となる。

$$\text{その相続人が受取った死亡保険金の金額} - \text{非課税限度額} \times \frac{\text{その相続人が受取った死亡保険金の金額}}{\text{すべての相続人が受取った死亡保険金の合計額}} = \text{その相続人の課税される死亡保険金の金額}$$

ケーススタディー

生命保険の契約者（保険料負担者）であり、同時に被保険者でもある夫が死亡した。死亡保険金5,000万円については、妻2,500万円、長男1,500万円、長女1,000万円ずつ受取った。この場合の相続税はどうなるか？

法定相続人　
　　　　　　　妻　　　長男　　長女

●死亡保険金の非課税金額

1,500万円までは、生命保険金（死亡保険金）の控除として相続税が非課税になる。

●各人に係る課税金額

妻の課税金額
$2,500万円 - 1,500万円 \times \dfrac{2,500万円}{5,000万円} = 1,750万円$

長男の課税金額
$1,500万円 - 1,500万円 \times \dfrac{1,500万円}{5,000万円} = 1,050万円$

長女の課税金額
$1,000万円 - 1,500万円 \times \dfrac{1,000万円}{5,000万円} = 700万円$

3人の課税金額は合計で、1,750万円＋1,050万円＋700万円＝3,500万円となり、死亡保険金の5,000万円から非課税部分の1,500万円が控除されたことが確認できる（5,000万円－1,500万円＝3,500万円）。

02 養子縁組の節税効果

養子縁組の制度を使って法定相続人の数を増やすことはできますが、税法上その数は制限されています。

法定相続人を増やして相続税を節税する

養子縁組をしておくと、自分が死亡したときに相続税の負担を軽減する効果があります。そのカラクリは非常に単純なもので、養子縁組をすると、法定相続人に加算されるからです（相続税法15条）。

具体的には、①相続税の基礎控除額、②生命保険の非課税限度額、③死亡退職金の非課税限度額、④相続税の総額の税額計算に直接影響して、相続税の総額を減らす効果があります。

例えば、相続税の基礎控除は「**3,000万円＋600万円×法定相続人の数**」（34ページ参照）なので、養子縁組をして法定相続人が1人増えれば、**600万円**だけ控除額が大きくなります。この分だけ、課税される遺産の総額が確実に軽減できるというわけです。

実子がある場合、控除できるのは1人まで

孫を養子にするなど、節税目的の養子縁組は富裕層を中心に行われており、これについては注目すべき最高裁判決が2017年1月31日にありましたので紹介します。「節税のための縁組でも直ちに無効になるものとは言えない」とする初判断を示したのです。

そうであるならば、次々に孫を養子にして法定相続人の数を増やせば、相続税をゼロにできるかといったら、そうは問屋がおろさないのが税法の世界です。被相続人に実子がある場合は**1人まで**（実子がいない場合には2人まで）と決められています（相続税法15条2項）。ちなみに、民法上は養子にできる人数に上限はありません。

●相続税の計算をする場合、次の4項目については法定相続人の数をもとに行う。

①相続税の基礎控除額　　②生命保険金の非課税限度額
③死亡退職金の非課税限度額　　④相続税の総額の計算

法定相続人の数に含める相続人の養子の数は、一定数に制限されている。

被相続人に実の子供がいる場合	被相続人に実の子供がいない場合
1人まで	2人まで

■相続税の2割加算

相続によって財産を取得した人が、被相続人の1親等の血族※及び配偶者以外の人である場合には、その人の相続税額にその相続税額の2割に相当する金額が加算される。

相続税の2割加算の対象となる人とならない人

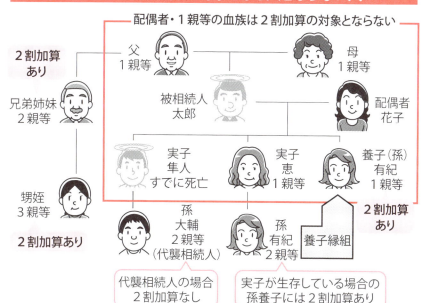

＜国税庁ＨＰを参考に作成＞　※代襲相続人となった孫（直系卑属）を含む。

■養子縁組をすると相続税が軽減される

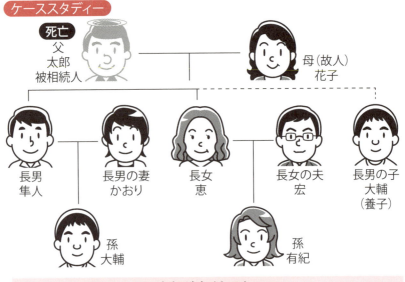

ケーススタディー

父・太郎が亡くなると……

養子縁組なしの場合	法定相続人	長男・隼人	長女・恵	
	法定相続分	2分の1	2分の1	
養子縁組ありの場合	法定相続人	長男・隼人	長女・恵	長男の子・大輔（養子）
	法定相続分	3分の1	3分の1	3分の1※

※相続税の2割加算あり。

相続人1人当たりの取り分は少なくなる

　養子縁組をすると、全体としての相続税は軽減されるが、法定相続人が増えた分、もともとの相続人が受取れる遺産の額は少なくなる。上記の例であれば、養子縁組なしなら法定相続人は、長男（隼人）と長女（恵）の2人だけで、それぞれ2分の1ずつ。しかし長男の子（大輔）を養子縁組した場合は、法定相続人が3人になるため、それぞれの取り分は3分の1に減少するため、養子縁組が原因で兄弟姉妹間の争いに発展することもある。

■養子縁組の手続き

　養子縁組の届出は、養親もしくは養子の本籍地または届出人の所在地の区市役所・町村役場で行う。届出の際は、届出人の印鑑を持参すること。届出の用紙は全国共通で使用できる。

●提出書類等（東京都港区の例）

・届出書1通
・添付書類
　養親または養子の本籍が港区にないときは、その方の戸籍全部事項証明書（戸籍謄本）1通
・署名押印
　届出人及び証人2人の署名押印
・印鑑
・本人確認のできる証明書（官公署の発行する写真付の証明であれば1点、健康保険証など写真のないものは3点）を提示する。

●申請期間

　届け出た日から法律上の効力が発生する。

●届出人

　養親、養子（養子が15歳未満の場合は代諾権者）。
　※代諾権者とは、法定代理人のことである。

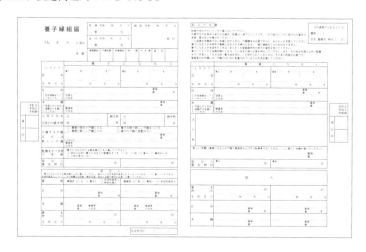

03 相続時に有利なのは 現金か不動産か？

相続税の軽減を考えた場合、財産として残すのなら現金と不動産、どちらが有利なのでしょうか？

不動産の評価額は時価よりも低い

　不動産を相続するのと、現金を相続するのでは、どちらが相続税の負担が軽いか？　この問いに対する答えとしては、不動産の方が有利といえます。12 ～ 13 ページで説明したように、相続税の計算をする際に、土地（宅地）の評価は**路線価**により行い、建物（家屋）の評価は**固定資産税評価額**によって行われます。一般的に、路線価は公示価格の 80％程度、建物の固定資産税評価額は 70％程度の評価といわれますから、相続財産の評価額を低く設定できるため、結果として相続税を安くできるというわけです。

　富裕層が相続税対策として、アパートやマンションを建てるのは、この仕組みを利用して節税に役立てているためです（79、92 ページ参照）。

できれば避けたい共有名義

　不動産は評価額を軽減できるのがメリットなのですが、デメリットもあります。相続財産が預貯金だけであれば、相続人が 2 人なら 2 で割る、3 人なら 3 で割ることができます。しかし不動産の場合は、そう簡単にはいきません。例えば、親が住んでいた自宅を相続によって子供 2 人が所有すると、民法上は**共有**となります（民法 249 ～ 264 条）。共有名義の難点は、共有者のひとりが売却して現金化しようと思っても、「この価格では売りたくない」など、他の共有者が反対をした場合は、売りたくても売ることができないことです。このように相続における共有名義は、後々トラブルのもととなる可能性があるのです。

■現金と不動産の相続税評価額

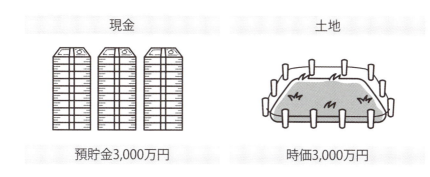

　預貯金3,000万円を相続した場合は、額面通り3,000万円全額が相続税の課税対象となる。一方、3,000万円の土地を相続した場合は、路線価が用いられる。路線価は公示価格の80％程度に設定されているため、約2,400万円の評価額となり、この金額に相続税がかけられる。

不動産の方が相続税は少なくて済む！

■現金は分けやすいが不動産は…

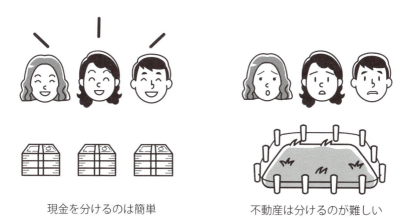

現金を分けるのは簡単　　　不動産は分けるのが難しい

■不動産の分割方法

相続財産（不動産）を複数の相続人で分けるには、次の４つの方法がある。

ケーススタディー

相続財産：評価額3,000万円の土地
法定相続人：子2人（長男と次男）

①現物分割

土地を2分の１ずつに分割する。

②代償分割

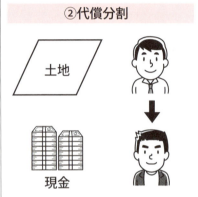

土地を相続した長男が、次男に1,500万円の現金を支払う。

③換価分割

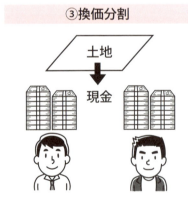

土地を売却して、現金に換えてから等分する。

④共有名義

共有する（2分の１ずつ権利を持つ）。

■共有名義の不動産は売却が難しい

相続の時点では、とりあえず2人のものにしておく共有名義は話がまとまりやすいが、後で共有者の一方が売却したくなったときに問題となることが多い。

> 共有物の変更
> 民法 第251条　各共有者は、他の共有者の同意を得なければ、共有物に変更を加えることができない。

共有物の変更行為とは？
例えば、共有物の売買契約や共有物の全部に抵当権を設定することなど。

共有物の変更をするには、共有者全員の同意が必要！

■共有名義のもたらす細分化

土地を2分の1ずつ共有している場合に、共有者の一方が死亡し、相続開始となったときは、相続人の分だけ共有持ち分が細分化する。

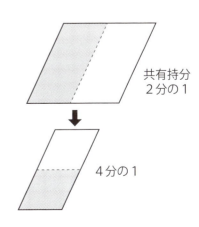

共有持分
2分の1

4分の1

相続人が2人なら、さらに2分の1ずつ相続するので権利が複雑化し、共有者全員の意見をまとめるのが難しくなる

71

04 墓石や仏壇などを生前購入する

墓地・仏壇・祭具などは相続財産に含まれないため、これらのものを生前に購入しておけば相続税を減らせます。

祭祀財産には相続税がかからない

24ページで述べたように、墓地や墓石、仏壇、仏具、神を祭る道具など日常礼拝をしている物には相続税がかかりません。ただし、骨とう的価値があるなど投資の対象となるものや商品として所有しているものには相続税がかかってきます。

少し専門的になりますが、お墓や仏壇などを「**祭祀財産**」といいます。祭祀財産は、先祖を祭るために必要な財産であることから、預貯金や不動産のように相続財産の扱いをされず、相続税の対象とされません。ちなみに、祭祀に関する権利の承継については、民法897条に定められています。

祭祀に関する権利の承継

民法 第897条

1 系譜、祭具及び墳墓の所有権は、前条の規定にかかわらず、慣習に従って祖先の祭祀を主宰すべき者が承継する。ただし、被相続人の指定に従って祖先の祭祀を主宰すべき者があるときは、その者が承継する。

2 前項本文の場合において慣習が明らかでないときは、同項の権利を承継すべき者は、家庭裁判所が定める。

系譜とは家系図、祭具とは仏壇や位牌、墳墓とは遺体や遺骨を葬っている設備を意味します。

■生前に非課税財産を増やしておく

●被相続人が生前に墓地を購入しておいた場合

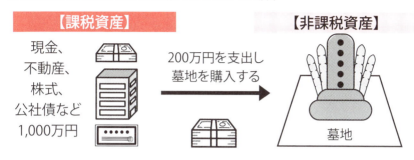

相続税の課税対象となるのは
800万円

●相続発生後に相続人が墓地を購入した場合

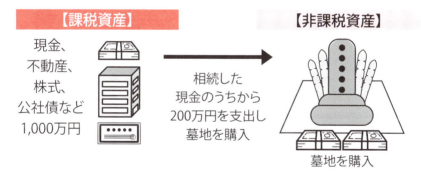

相続税の課税対象となるのは
1,000万円

被相続人の死亡後に墓地を購入したのでは、節税にならない

■祭祀財産は非課税

お墓　　　仏壇　　　家系図　　　位牌　など

【ワンポイント】
墓地は相続税の対象とならないだけでなく、不動産取得税や固定資産税もかからない。墓地とは、あくまでもお墓の区画の使用権を購入したにすぎないのである。

■生前購入が条件
　相続税の計算において非課税になるのは、生前に購入されたものだけ。葬儀の直後に購入したお墓や仏壇は非課税にならない。また借金をして墓地や墓石を購入しても、残りのローンは**債務控除**（30ページ参照）とならない。

【結論】
相続税対策をするなら、生前に現金一括で購入しておく。

■純金の仏具を購入すると相続税対策になるのか？

　国税庁は「骨とう的価値があるなど投資の対象となるものや商品として所有しているもの」は非課税とならないといっている。純金の仏像や仏具など過度に高額なものは、税務署から投資の対象と指摘されるおそれがある。

仏具でも投資対象とみなされたものは非課税対象にならない

【ワンポイント】
「仏具＝非課税財産」という単純なことではない。その仏具が「祭祀財産」として、税務署から認められて、初めて非課税財産となる。

純金の仏具を"仏具か純金か"を判断するのは税務署。
↓
課税対象とみなされたら、相続税が課される。
↓
仏具を購入した分だけ、手元に残る現金が少なくなる。
↓

【結論】
純金製の仏具で節税できるかは疑問符が付く。
そもそも仏具は信仰目的で購入するもの。

05 借入金は 相続税対策になるのか？

借入金をすれば相続財産を減らせる。これって本当でしょうか？
借入れをして不動産を購入するケースで考えてみます。

本当に借入金をすれば相続財産を減らせるか？

30ページで述べたように、相続財産には現金や土地などの**プラスの財産（積極財産）**だけでなく、借入金や未払金などの**負債（消極財産）**も含まれます。相続税の計算上、プラスの財産からマイナスの財産を控除することができます。例えば、1億円の借入れは負債なので、その1億円が相続財産から控除されますが、同時に1億円の現金も手許にあるわけで、相続財産そのものは増減しません。また、借入れをすると利息の支払いもあるため、実質的には手元の現金が減って損をしているといえます。

≪算式≫

プラスの財産 （預貯金・土地・建物など）	−	マイナスの財産 （借入金・未払金など）	=	相続税の計算の 対象となる財産

プラスの財産	プラスの財産＞マイナスの財産
マイナスの財産	差額となる財産を相続する

プラスの財産	プラスの財産＜マイナスの財産
マイナスの財産	※限定承認（184ページ参照）すれば負債は支払わなくてもよくなる。

76

借入れをした場合としなかった場合

ただ借入れをしただけでは相続税対策とはなりません。実際にシミュレーションしてみましょう。

●借入れをした場合

以下のような財産を持っている人が、銀行から1億円を借入れして（つまり借金をして）時価1億円の土地を購入したとします。しかし、相続税評価額は時価より低いのが普通です。

1億円の現金を借入れて時価1億円の土地を買ったら、評価額7,000万円の土地に変わりました。土地購入前と購入後の財産額を比較してみると……。

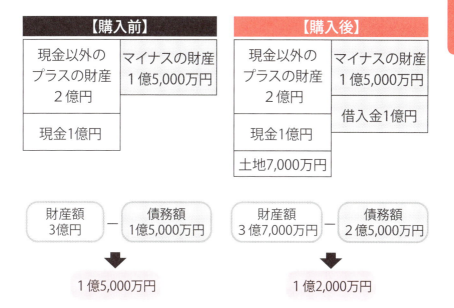

この場合、1億5,000万円－1億2,000万円の差額**3,000万円**が節税対象額となるわけです。

●借入れをしなかった場合

では借入れをせずに、同じく時価1億円（評価額7,000万円）の土地を購入したとしたら、どうなるでしょうか？

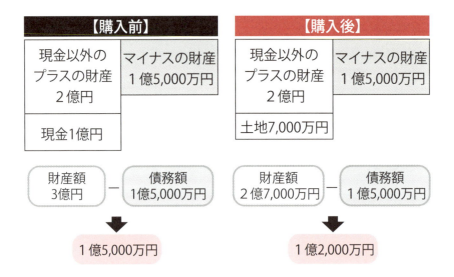

この場合も、1億5,000万円－1億2,000万円の差額**3,000万円**が節税対象額となるわけです。

このように「借入れをした場合」と「借入れをしなかった場合」の比較をしてみるとわかりますが、自己資金で土地を購入しても、わざわざ借入金をして土地を購入しても、節税対象となる額に差がないことが確認できます（上記の例では、どちらも3,000万円）。

相続税を減らす対策として、安易に借入金をしてみても、その効果は限定的であると心得ておくべきでしょう。

■借入金の有効活用例

借入金の額に対して相続税評価額を相当減額できる場合に限って、借入金が有効だといえる。下の表を見てみよう。

種類	時価	相続税評価額の目安	小規模宅地等の減額割合
現金預金	100	100	—
借入金	▲100	▲100	—
土地(自己の居住用)	100	80	80%
土地(貸家付き地)	100	65	50%
建物(自己の居住用)	100	60	—
建物(貸家)	100	40	—

例えば賃貸用建物（貸家、アパートなど）は、購入後償却されていくので、時間が経てば経つほど相続税評価額が低くなる。

要するに、借入れをして相続税評価額と時価が乖離している物件を購入し、さらにその物件を減額割合の大きい相続人（配偶者など）に相続させるといった場合に、借入金をするのが効果的といえる。

上記の表を見ればわかるように、借入金100で時価100の土地や建物を購入すれば、相続税評価額をグッと下げられる。加えて土地に関して、**小規模宅地等の特例**（48ページ参照）が受けられると、さらに減額される。

また、借入金をして相続時に返済が残っていた場合には、マイナス財産（消極財産）として相続財産の評価額から差し引くことができる（30ページ参照）。

06 一戸建てより マンションの方が有利

相続が"争族"になりやすい資産状況は、相続財産が自宅のみという場合です。どうして不動産がもめる原因になるのでしょう？

不動産は分割するのが難しい

　例えば、親が死亡して相続人は兄弟2人の場合で、長男が自宅を相続したとします。法定相続分は2分の1ずつですから当然、弟は法定相続分相当額の財産分与を要求するでしょう。

　弟に渡す分だけの現金を親が残しておいてくれたらよいのですが、預貯金はほとんどなく、財産らしい財産は自宅だけの場合、兄弟はこれをどう分けたらよいか困難な問題に直面します。

　共有名義（68ページ参照）もひとつの選択肢ですが、兄弟の双方、もしくは一方がどうしても現金が欲しいときは、自宅を売却して現金化したうえで、仲良く二等分することになります。

　それから盲点になりやすいのは、こちらの思惑通りの金額で売れるかどうかわからないということ。相続税の申告・納付の期限までに売却できなければ、納税資金に事欠くことも考えられます。例えば、郊外の一戸建て住宅を売りに出しても、すぐに買い手が見つかるでしょうか？

財産評価額から節税方法を考える

建物は新築時から年数が経過するほど価値が減少していきますが、土地の価値の評価方法は建物とは異なります。

公示価格を1とすると路線価はその80％、固定資産税評価額はその70％といわれています。

※時価は実勢価格（実際の販売価格ではありません）

相続税の相続税評価額が高くなる原因のひとつに、相続財産に占める**土地の割合**が多いことがあげられます。同じ住居面積でも、一戸建てよりもマンションの方が土地の持ち分面積が小さくなるので評価額も下がります。つまり、相続税の節税につながるというわけです。

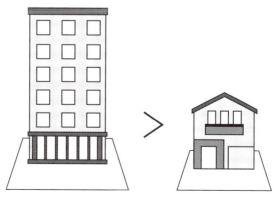

マンションの方が相続税評価額を下げられる

■相続後を考えてマンションへ住替える

　都市部のマンションであれば、相続後に相続人が売却する際にも買い手を見つけやすい。マンションは土地の敷地持ち分と建物持ち分からなっているため、それぞれ別に評価をする。

●土地の敷地持ち分の評価

　マンション敷地全体を路線価で評価し、それに持ち分を乗じる。

※一戸建てと比較すると、区分所有に対応する敷地権割合で算出するマンションの場合、1室当たりの土地の持ち分が小さくなるので土地の相続税評価額が低くなる。

土地の敷地持ち分計算例

① 路線価　　　　　50万円
② 地積　　　　　　1357.5㎡
③ （①×②）土地全体の評価額
　　　　　　　　678,750,000円
④ 敷地権の割合　　$\dfrac{8021}{530025}$
⑤ （③×④）持ち分の評価額
　　　　　　　　10,271,692円

●建物持ち分の評価

　固定資産税評価額を使用する。

家屋の評価

固定資産税課税明細書に記載されている。
または、固定資産評価証明書を取得する。

郊外の広大な不動産を処分して、都市部のマンションに住替えれば、小規模宅地等の特例（48ページ参照）を最大限に活用することができる！

> **参考** マイホームを売ったときの税金

不動産（土地・建物）を売却すると、その売却益に税金がかかる。しかしマイホームを売ったときの特例等を活用することで、大幅に税金を減額することができる。覚えておきたいのは次の３つ。

１．居住用財産（マイホーム）を売却した場合の3,000万円の特別控除

本人が居住していたなど、一定の要件を満たせば、売却益のうち3,000万円までは譲渡所得税がかからない。

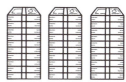

売却益が3,000万円以内なら所得税が課税されない

２．居住用財産（マイホーム）の所有期間が10年超の場合の軽減税率の適用

上記１の3,000万円特別控除と併用して軽減税率（10.21％または15.315％）を適用できる。

10年超所有していたら税率が低くなる

３．特定の居住用財産（マイホーム）の買換えの特例

売却とともに代わりの居住用不動産を購入したときに一定の要件（家屋・土地の所有期間10年超、居住期間10年以上など）を満たすこと。次の場合には、譲渡益の課税が繰延べられる（この時点では課税を免除し、次に売却したときに繰延べされた譲渡益に課税される）。

買換えた不動産の購入価格 ≧ 売却した不動産の譲渡収入

07 公益法人等に寄付をすると相続税が減る

相続によって取得した財産を、国・特定の公益法人等へ寄付すると、その寄付をした財産は相続税評価額からマイナスされます。

寄付した財産は相続税が非課税になる

　相続によって取得した財産を、**国**や**地方公共団体**または**特定の公益を目的とする事業を行う特定の法人**などに寄付をすると、その寄付をした財産は相続税の対象としない特例があります（租税特別措置法70条）。

　簡単にいうと、相続によって取得した財産を、国や地方公共団体、特定の公益法人等に寄付した場合は、その寄付をした財産については相続税が非課税になるというものです。

　この特例を受けるためには、次の①〜③のすべての要件を満たすことが必要です。

①寄付した財産は、相続または遺贈によって取得した財産であること。
②相続財産を相続税の申告書の提出期限（相続開始後10カ月以内）までに寄付すること。
③寄付した先が国や地方公共団体または特定の公益法人であること。

　特例の適用を受ければ、寄付をした財産は相続税の対象とされないわけで、確かに相続税は減額されます。その反面、当然のことですが、寄付した分だけ相続財産が減ります。この特例は、あくまでも寄付に対する優遇措置という性格なものです。寄付を行う方も、節税効果を期待して行うものではありません（ただし所得税の寄付金控除、住民税の特別控除が受けられる）。

■寄付は相続税の申告期限まで
●申告期限（相続開始後10カ月以内）までに寄付

■特定の公益法人

　特定の公益法人とは、教育や科学の振興などに貢献することが著しいと認められる特定の公益を目的とする事業を行う特定の法人をいう。

　具体的には、次のような法人が該当する。

・日本赤十字社
・公益財団法人日本ユニセフ協会
・国境なき医師団
・公益財団法人がん研究会
・国際ＮＧＯワールド・ビジョン・ジャパン　など

※特定の公益法人の範囲は独立行政法人や社会福祉法人などに限定されており、寄付の時点ですでに設立されているものでなければならない。

●非課税特例の適用が除外される場合

　相続税の申告時に特例の適用を受けても、次のケースに該当する場合は、適用除外とされる。

> ①寄付を受けた日から２年を経過した日までに特定の公益法人または特定の公益信託に該当しなくなった場合や特定の公益法人がその財産を公益を目的とする事業の用に使っていない場合
> ②寄付または支出した人あるいは寄付または支出した人の親族などの相続税または贈与税の負担が結果的に不当に減少することとなった場合

08 会社設立で相続税対策ができる

子供に会社を設立させることで、相続税を節税する方法があります。自分の財産を子供の会社に出資するやり方です。

子供の会社に親が出資する

会社を設立することによって合法的に、財産を次世代に移転することができます。会社設立、つまり**法人化**による相続税対策が最近注目されています。

ここでは子供が設立する会社に、親が出資する場合を考えます。株式会社を設立する際に出資をした場合、そのお金は"株式"へと形を変えます。親が死亡したときに、株式も相続財産となりますが、この場合は上場株式の取得ではなく、**上場していない株式**の取得となり、相続財産の評価において「**取引相場のない株式**」として評価されるところが大きな意味を持ってきます。

取引相場のない株式の評価

東証1部に上場しているような会社の株式は時価で評価されますが、取引相場のない株式については、会社の持つ資産、業績、売上高、従業員の数などさまざまな要素によって評価されます。

会社設立後しばらくの間は赤字が続いたり、売上高が低かったりすることが多いので、出資した株式の評価額も低く抑えられます。1,000万円の現金を出資しても、株式として評価した場合には500万円に下がっていることも考えられます。こうなった場合に、相続対策となり得るわけです。

いずれにせよ、「取引相場のない株式」の評価方法について、正しい知識を持っておくことが肝要です。

■取引相場のない株式の評価方法

原則的評価方式

原則的評価方式は、評価する株式を発行した会社を総資産価額、従業員数及び取引金額により大会社、中会社または小会社のいずれかに区分して、原則として次のような方法で評価をすることになっている。

①大会社

大会社は、原則として類似業種比準方式により評価する。類似業種比準方式は、類似業種の株価を基に、評価する会社の一株当たりの「配当金額」、「利益金額」及び「純資産価額（簿価）」の3つで比準して評価する方法。

※類似業種の業種目及び業種目別株価などは、国税庁HPで閲覧が可能。

②小会社

小会社は、原則として純資産価額方式によって評価する。純資産価額方式は、会社の総資産や負債を原則として相続税の評価に洗い替えて、その評価した総資産の価額から負債や評価差額に対する法人税額等相当額を差し引いた残りの金額により評価する方法。

③中会社

中会社は、大会社と小会社の評価方法を併用して評価する。

<国税庁HPタックスアンサーより>

●評価方法の種類

取引相場のない株式（「上場株式」及び「気配相場等のある株式」以外の株式をいう）は、相続や贈与などで株式を取得した株主が、その株式を発行した会社の経営支配力を持っている同族株主等か、それ以外の株主かの区分により、上記の原則的評価方式のほかに、特例的な評価方式の配当還元方式により評価する。

■相続税対策として個人事業は"法人成り"する

個人事業から株式会社になり（**法人成り**）、そこに個人の資産を拠出し分散させる。会社の仕組みを利用して、財産を被相続人から相続人に移転させることで、合法的な節税対策ができる。

●会社設立によるメリット

①相続人を役員にして、正当な業務の対価として給与を支払う

　会社の資産を給与として相続人に支払うことができる。

②被相続人に、退職給与として退職金を支払う

　個人事業のままでは、「退職」という概念がないため退職金を支払うことができない。

③各種経費（通信費や移動交通費、宿泊代など）が経費計上できる

　個人事業よりも経費として認められる範囲が広く、事業との関連性があれば一定のものを除き経費計上することが可能。

●会社設立によるデメリット

①個人事業にはない法人独特の経費が発生する

　黒字の場合に支払う法人税のほかに、赤字の場合でも支払わなければならない地方税（法人住民税）の均等割り（最低7万円）がある。

②事務作業の煩雑化

　会社法に基づく会計処理や、場合によっては決算公告などの費用もかかる。また、会社の住所変更や役員変更の都度、登記が必要となり登記費用も発生する。会社を閉鎖するときも清算手続きが必要。解散登記にも費用が発生する。

③経営方針や財務処理などを巡るトラブル発生の可能性

　相続人が役員になった場合、株式保有割合や経営方針の考え方の違いにより、トラブルになってしまう可能性も……。

> **参考** 会社をつくるにはいくらかかる？
> 合同会社なら6万円から設立可

	株式会社	合同会社
収入印紙代※	40,000円	40,000円
公証人手数料	50,000円	―
定款の謄本手数料	2,000円程度 （1ページ250円）	2,000円程度 （1ページ250円）
登録免許税	150,000円	60,000円
	(資本金の1,000分の7の金額が上記金額を上回る場合、その金額が必要)	

※電子定款を選択した場合は不要。

株式会社をつくるには

定款の作成から登記までに21～25万円くらいかかる！

第2章　節税テクニックの基本

09 小規模宅地等の特例を有効活用する

死亡した人の自宅の土地について、相続税評価額が減額される小規模宅地等の特例は、相続税の負担を大きく減らせる制度です。

自宅の土地は80%引きになる

小規模宅地等の特例には48ページで簡単に触れましたが、ここでもう一度、制度の概要を確認した上で、その有効活用を考えてみます。

●対象宅地の要件

被相続人または被相続人と生計を一にしていた親族の以下①～④のいずれかに該当する土地

①居住の用に供されていた宅地等

②事業の用に供していた宅地等

③不動産貸付用の宅地等

④同族会社の役員である相続人が事業の用に供している宅地等

次に、利用区分と限度面積を見ます。

●利用区分と限度面積

利用区分		限度面積	減額割合
事業用	特定事業用等（上記②の場合）	400㎡	80%
	特定同族会社事業用等（上記④の場合）	400㎡	80%
	貸付事業用等（上記③の場合）	200㎡	50%
居住用	特定居住用等（上記①の場合）	330㎡	80%

■特定居住用宅地等の場合

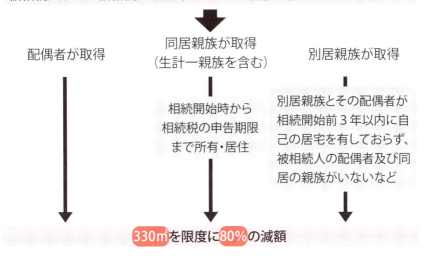

要するに、特定居住用宅地等（死亡した人が自宅として使用していた土地等）については、配偶者、同居親族、マイホームを持っていない者などが取得すれば特例が適用されて、80％引きの金額で相続できるということ。

〈計算例〉
面積300m²、土地評価額6,000万円
6,000万円 －（6,000万円×80％）＝1,200万円

特例の適用で評価は
80％引きになる！

■貸付事業用宅地等の場合

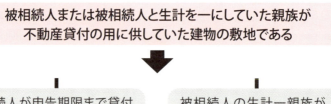

貸付事業用宅地等（貸家、アパート等）については、特例適用で200m²まで50％に減額される。自宅の敷地に比べ、限度面積、評価減の割合が小さくなる。

〈計算例〉
面積300m²、土地評価額9,000万円

$$9,000万円 - \left(9,000万円 \times \frac{200m^2}{300m^2} \times 50\%\right) = 6,000万円$$

アパートの敷地は50％引き

■相続開始前3年以内に開始した駐車場の貸付は小規模宅地等の特例が使えない！

2018（平成30）年4月1日以後に発生した相続などで取得した宅地等のうち、相続開始前3年以内に貸付事業の用（駐車場など）に供された宅地等（一定の事業的規模の場合を除く）は、小規模宅地等の特例の適用対象から除外される。

■**特例が使える人**

　小規模宅地等の特例が適用される対象として一番多いのは、被相続人が住んでいた居住用の宅地等（特定居住用宅地等）である。

　特例を受けることで土地の評価額が80％も減額され、その結果、相続税の負担を大きく軽減することができる。しかし、相続人なら誰でもこの特例を受けられるわけではなく、**配偶者**と**同居親族**、**3年内の家なき子**に限られる。

被相続人

―特例が使える―

配偶者

同居親族

3年内の家なき子
（借家暮らし）

■**複数土地がある場合**

　複数の土地を所有していた場合、特定事業用宅地等、特定居住用宅地等は併用して適用できるが、適用対象面積については一定の調整がされる。すべての土地について減額が受けられるとは限らない。

　それぞれの土地の評価額、減額割合、対象面積を総合的に判断して、どの土地を誰に相続させてどの順番で適用を受けるのかを、慎重に判断する必要がある。

■**特例が適用されるのは相続時だけ**

　小規模宅地等の特例は、居住用宅地等を相続時に取得したときにのみ適用を受けることができる。つまり、相続によって宅地等を取得したのでなければ、80％の評価減、50％の評価減は受けられない。

　なので、複数の土地を所有していて生前贈与を考えている人は、どの宅地を誰に相続させるのかを決めてから、他の宅地等の生前贈与を決めていくといった、少しでも有利になる選択をする必要がある。

10 事例で考える 小規模宅地等の特例

被相続人が老人ホームに入居中に亡くなったり、二世帯住宅にしていた場合でも、小規模宅地等の特例は適用されるのでしょうか？

老人ホーム入居中に死亡した場合

特別養護老人ホームのみならず、介護付き優良老人ホーム、サービス付き高齢者向け住宅など、さまざまな名称の老人ホームが近年増加しています。どのような場合に、居住用の小規模宅地等の特例（80％の評価減）が使えるのか確認しておきましょう。

●特定居住用宅地等の要件

まず特例が適用できる大前提は、被相続人が亡くなる直前まで住んでいた建物の敷地等（**特定居住用宅地等**）であることです。ですから、相続開始の直前において居宅に住んでいなかった場合は、原則として居住用の小規模宅地等の特例は適用できないのですが、これには例外があり、次のような場合は適用できることとされています。

①要介護認定もしくは要支援認定を受けていた被相続人が養護老人ホーム、有料老人ホーム、介護老人保健施設、サービス付き高齢者向け住宅等に入所していたこと。
②障害支援区分の認定を受けていた被相続人が、障害者支援施設等に入所していたこと。

ただし、被相続人がこれらの施設の入所後に、宅地等を事業の用または新たに被相続人または生計を一にしていた親族以外の者の居住の用に供していないことが条件となっています。

■老人ホームへの入居と小規模宅地等の特例

①老人ホーム入居前に同居親族がおらず、空き家のまま亡くなった場合

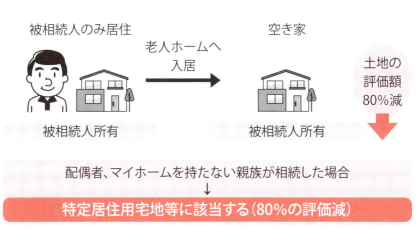

配偶者、マイホームを持たない親族が相続した場合
↓
特定居住用宅地等に該当する（80%の評価減）

②老人ホーム入居後の空き家に生計別の親族が入居した場合

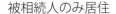

老人ホーム入居後に生計が別である親族が入居したため、
特定居住用宅地等に該当しない
↓
小規模宅地等の特例は適用できない

③老人ホーム入居前から一緒に住んでいる生計を一にする親族が引き続き居住している場合

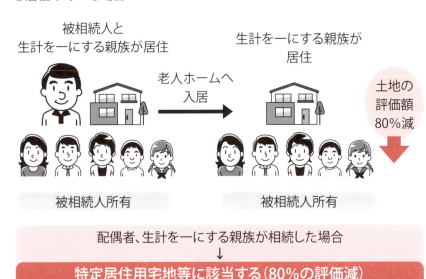

④老人ホーム入居後の空き家を第三者に賃貸した場合

　なお、相続開始後から申告期限まで所有しているなど、それぞれに一定の要件があるので、特例の適用については注意が必要。

■二世帯住宅の場合

親子が同居する場合、都市部では二世帯住宅を建てるケースが多くみられる。プライバシーを重視した完全分離の二世帯住宅でも、居住用宅地として小規模宅地等の特例を適用できるのか？

●内部で行き来できない二世帯住宅でも特例が受けられる

平成25年以前は、子が相続した場合に二世帯住宅の敷地全体が**特定居住用宅地等**と認められるためには、同じ建物内でも**内部で行き来できる構造**が条件とされていた。例えば、子世帯が2階に、親世帯が1階に居住しているときは、1階と2階をつなぐ内部階段があることで生計一と認められていたわけである。その当時は、新築時にわざわざ内部階段をつくった人も多かったものと思われる。しかし平成26年以後は、上記の構造要件は撤廃され、**登記区分**が重要視されている。

共有登記か、区分所有登記かで適用が異なる。大きく分けると以下のようになる。

①内部を行き来できない建物を、親子が区分登記をしている場合
　➡親の居住用敷地のみ適用対象
②内部を行き来できない建物を、親子が共有登記をしている場合
　➡敷地全体を適用対象
③内部を行き来できる建物を、親子が区分登記をしている場合
　➡親の居住用敷地のみ適用対象（原則として）
④内部を行き来できる建物を、
　親子が共有登記をしている場合
　➡敷地全体を適用対象

【コラム】
税務調査の実際

●税務署は忘れたころにやって来る

　所得税や法人税に比べて相続税は、税務調査が入りやすいといわれます。不動産や預貯金が多い資産家には、あらかじめ税務署が目を付けていると思った方がいいでしょう。

　そして、税務調査を考える上で忘れてはいけないのは、調査が入るのは相続税対策を行ってから何年も経ってからだということ。相続税の調査が行われるのは大体亡くなってから2年後くらいが多いようです。税務署から電話がかかってきて「来週か次の週に調査を行いたいので、相続人全員と税理士の先生の日程を合わせて調整してください」といわれます。ここで慌ててはいけません。税務署の都合に合わせて調査日程を決めるのではなく、相続人のスケジュールを伝えて、それに合わせて調査日程をずらしてもらいます。およそ1カ月後とかでもOKです。

　通常、調査官は当日2人1組で訪問します。朝10時～夕方4時ぐらいまでかけて1日で見ていきます。相続財産が多い場合などは2、3日かかる場合もあります。

　相続税の調査でいちばん多く指摘されるのは、やはり名義預金です。例えば、通帳の名義は親族のうちの誰かになっているにもかかわらず、通帳と印鑑の管理は被相続人が行っていたなどという場合です。

　暦年贈与によってせっせと親族の通帳にお金を入金したけれども、その相手がお金を自由に使うことなく被相続人がお金を管理していたとなったら、財産隠しと疑われる可能性大です。

　調査員は、最初からストレートに「管理者は誰か？」などとは尋ねません。被相続人の生前の暮らしぶりや死亡時の状況など、趣味や親戚付き合いなども聞きながら、上手に話を引き出してきます。

　贈与の際には必ず契約書を作成し、通帳・印鑑は贈与した相手方が管理して自由に使えるようにするなどして、効果のある相続税対策（暦年贈与）を行いましょう。

第3章

生前贈与の徹底活用

01 贈与税とはどんな税金か？

贈与には税金がかかります。相続税対策を始める前に、どのような場合に贈与税が課税されるのか確認しておきましょう。

タダで財産をもらったら贈与税がかかる

贈与とは金品を人に贈ること。法律的には、当事者の一方が自己の財産を無償で相手方に与える意思を表示し、相手方が受諾することによって成立する契約です。財産をもらう人を**受贈者**、あげる人を**贈与者**といいます。

贈与税は、個人から個人へタダ（無償）で財産の移動があったときにかかる税金です。また、無償でなくとも、著しく低い対価で財産を譲受けた場合は、その財産の時価と支払った対価との差額に相当する金額は、贈与により取得したものとみなされます（**低額譲渡**）。

ちょっと極端な例ですが、親が所有する時価1億円の不動産を子供に5,000万円で譲ったような場合は、子供は"著しく低い対価"で不動産を譲受けたとみなされ、差額の5,000万円に贈与税がかかってくる可能性が高いです。

このように、対価の支払いがあれば贈与ではなくなるといった単純な話ではないのです。時価とかけ離れた金額での売買は贈与とみなされ、受贈者には贈与税が課税されます。

暦年課税と相続時精算課税

詳しいことは後ほど述べますが、贈与税には「**暦年課税**」と「**相続時精算課税**」という2つの課税方式があり、そのどちらかを選ぶことになります。この選択には損得が発生するため、慎重な判断をする必要があります。

■贈与税がかからない行為

①法人からの贈与により取得した財産
②夫婦や親子、兄弟姉妹などの扶養義務者から生活費や教育費に充てるために取得した財産で、通常必要と認められるもの
③宗教、慈善、学術その他公益を目的とする事業を行う一定の者が取得した財産で、その公益を目的とする事業に使われることが確実なもの
④奨学金の支給を目的とする特定公益信託や財務大臣の指定した特定公益信託から交付される金品で一定の要件に当てはまるもの
⑤地方公共団体の条例によって、精神や身体に障害のある人又はその人を扶養する人が心身障害者共済制度に基づいて支給される給付金を受ける権利
⑥公職選挙法の適用を受ける選挙における公職の候補者が選挙運動に関し取得した金品その他の財産上の利益で、公職選挙法の規定による報告がなされたもの
⑦特定障害者扶養信託契約に基づく信託受益権
⑧個人から受ける香典、花輪代、年末年始の贈答、祝物又は見舞いなどのための金品で、社会通念上相当と認められるもの

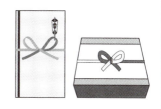

⑨直系尊属から贈与を受けた住宅取得等資金のうち一定の要件を満たすものとして、贈与税の課税価格に算入されなかったもの
⑩直系尊属から一括贈与を受けた教育資金のうち一定の要件を満たすものとして、贈与税の課税価格に算入されなかったもの
⑪直系尊属から一括贈与を受けた結婚・子育て資金のうち一定の要件を満たすものとして、贈与税の課税価格に算入されなかったもの
⑫相続や遺贈により財産を取得した人が、相続があった年に被相続人から贈与により取得した財産

〈国税庁HPより〉

■暦年課税

●年間110万円まで非課税

　暦年課税は、１年間に贈与を受けた財産の合計額から基礎控除額（一律**110万円**）を差し引いた後の価額に税率を乗じて計算する（租税特別措置法70条の２の４）。

【算式】

[贈与を受けた財産の価額－ 110万円（基礎控除額）]×税率－控除額

※基礎控除額110万円は１年間（１月１日〜12月31日）の合計額

<暦年贈与の税額計算>

例1 子供が父親から50万円の贈与を受けたら…

　　50万円－110万円（基礎控除額）≦0　➡ 贈与税はかからない

　　　　　　　　　　　　　　　　　　　　➡ 贈与税の申告不要

例2 母親から300万円の贈与を受けたら…

　　〔300万円－110万円（基礎控除額）〕×15％－10万円

　　　　　➡ 185,000円と贈与税額が計算される

１年間に基礎控除額 110万円 までの贈与なら贈与税がかからない

■相続時精算課税制度

●2,500万円まで非課税での贈与が可能

　相続時精算課税は相続税の前払いといった性格のものであり、受贈者が贈与を受けた時点で一定の贈与税率で贈与税をいったん納め、その後に贈与者が亡くなったら相続税で精算する。文字通り、相続時に精算する仕組みとなっている。

　特別控除が **2,500万円** と高額で、贈与を受けた財産の価額が2,500万円以内であれば贈与税を納める必要がない。控除限度額を超えた分については、**一律20％の税率が適用される**（相続税法21条の９〜18）。

【算式】

〔贈与財産の価額 － 特別控除額（2,500万円）〕× 20%

<相続時精算課税制度の税額計算>

例1 子供が父親から500万円の贈与を受けたら…
500万円 － 2,500万円（特別控除額）＝ 0　➡　贈与税はゼロ

例2 子供が父親から3,000万円の贈与を受けたら…

贈与額3,000万円

| 特別控除額2,500万円 | 500万円 |

贈与税額：〔3,000万円 － 2,500万円（特別控除額）〕× 20% ＝ 100万円…Ⓐ

相続時に相続財産と贈与財産を足して相続税を計算する（相続財産＋すでにもらった財産の価額3,000万円）として、相続税を計算する…Ⓑ

Ⓐ＞Ⓑなら ➡ すでに支払った贈与税が還付される

Ⓐ＜Ⓑなら ➡ 相続税額からすでに支払った贈与税額100万円を控除して、相続税を納める
（つまり、精算する）

●相続時精算課税の対象となる人

贈与する人
①贈与者の年齢は**満60歳以上**。
父母または祖父母。

贈与される人
②受贈者の年齢は**満20歳以上**の**直系卑属**（子または孫）である推定相続人。

※年齢はいずれもその年の1月1日現在。
2022（令和4）年4月1日以後は18歳以上。

●申告時の注意点

　贈与を受けた人は、暦年課税により贈与税申告を行うか、相続時精算課税制度を適用して申告するかを選択する。同一の者から受けた贈与財産について、相続時精算課税と暦年課税とを同時に利用することはできない。

02 相続開始前3年以内の贈与は相続税の対象になる

相続開始前3年以内の贈与は「持ち戻し」といって、相続財産に加算されます。亡くなる直前の駆け込み贈与はダメなのです。

"持ち戻し"とはどんなものか？

相続発生の前に、できるだけ財産を分散し贈与しておいて、いざ相続が発生したときに課税対象となる相続財産は残っていないということもやろうと思えばできます。

しかし、そのような事態になるのを防ぐために「**持ち戻し**」と呼ばれる相続税の計算上の制度があります（相続税法19条）。どんな制度かというと「相続開始前3年以内に、贈与によって被相続人から財産を贈与された人が、相続発生時に被相続人から相続等によって財産を取得した場合は、その贈与財産を相続財産に加算し、すでに納付した贈与税を新たに納付する相続税から控除する」というものです。

要するに、相続前3年間の贈与財産は相続財産とみなして、相続税の課税価格に贈与時の価額が加算されるということです。3年以内であれば贈与税の課税・非課税にかかわらず加算されます。したがって、基礎控除額110万円以下の贈与も加算することになります。

ちなみに、支払った贈与税が相続税より多い場合は、その分の贈与税は還付されません。結果的に、相続開始前3年以内の贈与は相続税の節税対策とはならないといえます。

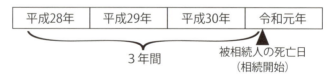

■"持ち戻し"とされない生前贈与を行う方法

相続開始前3年以内の贈与が持ち戻し対象となるわけだから、相続人に対しては早め早めの贈与を行うこと。また、相続時に財産を取得する相続人及び**遺贈**(遺言で財産をもらうこと)を受ける受遺者※などが持ち戻しの対象者になるので、これらの人たちを対象から外して贈与を行えばよい。例えば、相続人にならない(または受遺者とならない)子の配偶者(婿や嫁)など。なお、孫も相続人や受遺者とならなければ"持ち戻し"の対象とはならない。

※遺贈によって相続財産を譲り受ける人

生前贈与の落とし穴① 現預金が減少するリスク

少しずつ贈与する際、手っ取り早いのが現預金であるが、いくつかの問題点もある。不動産の贈与に関しても、特有の問題を内包しているので、残る財産を考えて計画的に贈与することが肝要。

> ①現預金だけを減らしてしまうと、相続発生時に納税資金が不足する。
>
> ②不動産などを共有名義、もしくは名義を分割して贈与すると、後日売却するときや建替時に名義人の意見が合わずに混乱するリスクがある(68ページ参照)。
>
> ③手元の現預金が減ることで、自身の老後資金が不足することもある。

生前贈与の落とし穴② 遺留分に注意する

生前に贈与する場合は、自分の意思で好き勝手に財産を分けることができる。しかし相続発生時にすでに贈与を受けていた人が、他の相続人から**遺留分**を侵害したという訴えを起こされることもある。

詳しくは156ページで説明するが、遺留分は相続人によって取得割合が決まっている。その割合を超えて事前に贈与を受けてしまうと「遺留分を侵害された!!」という事態を招くことになりかねないので、遺留分に配慮した生前贈与を行うことも忘れてはいけないポイントである。

03 贈与税と相続税はどちらが有利？

贈与税と相続税という2つの税金。実際のところ、どちらが税負担を軽くして家族に財産を残せるのでしょうか。

やっぱり贈与税は不利か？

贈与のメリットとデメリットを確認しておきましょう。

●贈与のメリット・デメリット

相続の場合は相続時の1回だけ、一度にすべての財産が移転します。これに対して、贈与は「好きな相手に」「好きな時に」「好きなだけ」行うことができます。ですから、低い税率が適用される贈与を上手に選択して行うことができれば、相続税対策として一番賢いやり方といえます。

ここでもう一度、102ページで説明した**暦年課税**を用いた贈与税の計算式を見てみましょう。

【算式】

〔贈与を受けた財産の価額ー 110万円（基礎控除額）〕×税率ー控除額

年間110万円までの贈与なら非課税になる。確かにその通りなのですが、贈与税の基礎控除額である110万円は、相続税の遺産にかかる基礎控除額（**3,000万円＋600万円×法定相続人の数**）とは比べ物にならないくらい小さな金額にすぎません。

家族に財産を生前贈与して贈与税を納めるか？　それとも、相続まで待って相続税を納めるか？　この二者択一、どちらの税負担が大きいかという問いに対する回答は、「単純に計算すれば贈与税の方が負担が大きい」となります。

106

贈与の方が有利ということもある

　相続税との比較をするときは、相続税の実効税率※と贈与税の実効税率を比較し、贈与税の実効税率が相続税の実効税率を下回る分岐点を見極めることがポイントです。この分岐点以下の財産を贈与すれば、贈与の方が有利となります。

　分岐点の見極めは、遺産総額、相続人の数と種別または贈与財産価額、受贈者によって大きく異なりますので、税理士等の専門家に相談した方がよいでしょう。　　　　※実効税率（財産価額の合計額に対する税額の割合）

特例贈与と一般贈与

　贈与には**特例贈与**と**一般贈与**の２つの区分があります。

特例贈与

　贈与を受けた年の１月１日現在で、20歳以上の者（子や孫など）がその直系尊属（親や祖父母など）から贈与を受けた財産については、特例贈与財産とされて贈与税の計算に際しては**特例税率**を使う。

　贈与　
　親　　　　　　　　子

一般贈与

　他人から贈与を受けた場合、兄弟間、夫婦間の贈与または直系尊属から贈与を受けた未成年者の子については贈与税の計算に際して**一般税率**を使う。

　2015（平成27）年分から贈与税率の改正（108ページ参照）があったため、贈与税の計算も複雑になりました。しかし、どちらの贈与財産についても基本的な計算方法は同じです。

■贈与税率

2015（平成27）年以降の贈与税の税率は、下表のとおり「一般贈与財産」と「特例贈与財産」に区分された。

●一般贈与財産用（一般税率）

この速算表は「特例贈与財産」に該当しない場合の贈与税の計算に使用する。例えば、兄弟間の贈与、夫婦間の贈与、親から子への贈与で子が未成年者の場合などに使用する。

基礎控除後の課税価格	税率	控除額
200万円以下	10%	—
300万円以下	15%	10万円
400万円以下	20%	25万円
600万円以下	30%	65万円
1,000万円以下	40%	125万円
1,500万円以下	45%	175万円
3,000万円以下	50%	250万円
3,000万円超	55%	400万円

ケーススタディー1

夫から妻へ500万円の現金を贈与した場合

基礎控除
（500万円−110万円）×20%−25万円＝53万円 ➡ 贈与税は53万円
と計算される

●特例贈与財産用（特例税率）

　この速算表は、直系尊属（祖父母や父母など）から、その年の1月1日において20歳以上の者（子・孫※など）への贈与税の計算に使用する。例えば、祖父から孫への贈与、父から子への贈与など。夫の親から妻へなどという義理の親からの贈与等には使用できない。

※「その年の1月1日において20歳以上の者（子・孫など）」とは、贈与を受けた年の1月1日現在で20歳以上の直系卑属のことをいう。2022（令和4）年4月1日以後は18歳以上。

基礎控除後の課税価格	税率	控除額
200万円以下	10%	―
400万円以下	15%	10万円
600万円以下	20%	30万円
1,000万円以下	30%	90万円
1,500万円以下	40%	190万円
3,000万円以下	45%	265万円
4,500万円以下	50%	415万円
4,500万円超	55%	640万円

第3章　生前贈与の徹底活用

　ケーススタディー2

祖父母から孫へ500万円の現金を贈与した場合

基礎控除
（500万円－110万円）×15%－10万円＝48万5,000円

➡ 贈与税は48万5,000円
　　と計算される

04 暦年課税を使った上手な生前贈与

１人当たり年間110万円までの贈与なら非課税になる暦年課税を徹底活用した相続税対策を考えてみましょう。

110万円の非課税枠を使い切る

ここまでに何度も登場してきた数字であり、改めて説明するまでもないことですが、贈与税の基礎控除額は **110万円** です。この110万円の非課税枠をフルに利用した相続税対策は確実で、かつ非常に効果的な方法といえます。しかし、110万円の贈与を10年間続けたとしても、移転できるのは1,100万円が上限です。それなりの財産を所有する資産家の人からすると、110万円という金額は少なく感じることでしょう。また、親がすでに高齢に達しており相続発生までの時間がそれほど長くない場合、非課税枠にこだわった **暦年課税** は効率の悪い方法ともいえます。場合によっては、ある程度の税額負担を覚悟して、110万円を超える贈与を実行することも選択肢に入ってきます。

●暦年贈与による節税効果

相続人：配偶者と子供２人の場合（配偶者の税額軽減適用なしで計算）

	生前贈与なし	２人の子供に10年間110万円を贈与
相続財産	7,000万円	7,000万円
贈与財産	0	▲2,200万円
贈与税	0	0
相続税	225万円	0
税額合計	225万円	0
節税額	0	▲225万円

相続税が225万円節税できる！

■生前贈与の上手なやり方

【算式】

〔贈与価額－110万円（基礎控除額）〕×税率 － 控除額 ＝ 贈与税額

●特例贈与の場合

> **ケーススタディー１**
>
> 父親が長女に800万円を贈与した場合
> （800万円－110万円）×30％－90万円＝117万円
>
> **特例贈与** ➡ 贈与税額117万円

贈与のコツ①
受贈者を１人に集中させず、分散して贈与する

ケーススタディー１のように長女に800万円を一度に贈与するのではなく、長男と長女、そして２人の孫の合計４人に、１人当たり200万円ずつ贈与すると、贈与税の負担は以下のようになります。

200万円を贈与した場合の贈与税額
（200万円－110万円）×10％＝９万円 ➡ 贈与税額９万円

１人当たり税額９万円×４人＝36万円

> 長女にだけ800万円を贈与した場合に比べ、
> トータルで81万円（117万円－36万円）も税額に差が出る。

贈与のコツ②
一度に贈与せず、年をまたがって贈与する

ケーススタディー2

ある年に長女に400万円を贈与し、
次の年にまた長女に400万円を贈与した場合

特例贈与

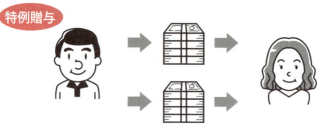

2年にわたり長女に400万円ずつ贈与

1年目：(400万円―110万円)×15％－10万円＝33万5,000円…①
2年目：(400万円―110万円)×15％－10万円＝33万5,000円…②

➡ 贈与税額　①＋②＝67万円

ケーススタディー1で計算した一度に800万円を贈与した場合の税額117万円に比べて、税額に50万円の差が出る。

110万円超の贈与をするときは、数年間にわたって行った方が得！
毎年贈与で節税する。

●毎年繰り返し贈与する連年贈与に要注意

　贈与税のかからない110万円以下の贈与を毎年同じ時期に同じ金額だけ贈与したりすると、「定期金の贈与」として、まとまった金額を分割して贈与したとみなされることもある。これを**連年贈与（定期贈与）**という。

　例えば、毎年110万円ずつ20年にわたって贈与すると、2,200万円が分割して贈与されたとみなされて、合計金額の2,200万円に対して贈与税が課されることがある。

連年贈与とみなされないためには？
①贈与者と受贈者の間で贈与の意思と事実があったことを契約書などに残しておく。
②連年贈与とみなされないように、贈与契約書を毎年交わす。
③贈与の時期や贈与する金額を毎回変える。

口約束ではなく
贈与契約書の作成が重要

●納税資金は大丈夫？

　暦年課税は、その年の1月から12月の暦年単位で計算される。金銭に限らず、不動産や有価証券、自動車なども対象となり、贈与金額に合計される。

　贈与税を納めるのは、財産をもらった人（受贈者）である。金銭の贈与を受けた場合はともかく、株式等の有価証券や不動産をもらった場合は、納税資金に困ることもあり得る。手持ち資金のない者へ財産を贈与する場合は、すぐに換金できない株式や収益力の低い不動産を贈与するのは避けた方が無難。

05 マイホーム資金の贈与なら非課税

親などから住宅購入資金の贈与を受ける場合、2019（令和元）年中ならば、700万円～1,200万円の贈与が非課税となります。

マイホーム資金を親からもらうべし

　2015（平成27）年1月1日から2021（令和3）年12月31日までの間に、父母や祖父母など直系尊属からの贈与により、自己の居住の用に供する住宅用の家屋の新築、取得または増改築等の対価に充てるための金銭（**住宅取得等資金**）を取得した場合において、一定の要件を満たすときは、非課税限度額までの金額について、贈与税が非課税となります（租税特別措置法70～70条の2）。

　要するに、子供が親から住宅購入のための資金を贈与してもらった場合は、限度額までは贈与税がかからないという制度です。

●適用要件
・その年分の合計所得金額が2,000万円以下である者（受贈者）が、直系尊属（贈与者）から住宅取得等資金の贈与を受けて、一定の新築住宅等を取得した場合
・平成27年1月1日～令和3年12月31日までの間に贈与を受けた者で、その年の1月1日において20歳以上であること
・贈与日の翌年3月15日までに取得した住宅用家屋に居住すること、または間違いなく居住することが確実と見込まれること
・この規定を受ける旨を確定申告書に記載して提出すること
・贈与を受けた時に日本国内に住所を有していること

　非課税限度額は、住宅用家屋にかかわる契約締結期間によって、115ページのように定められています。

■住宅取得等資金の非課税限度額

住宅用家屋の取得等に係る契約の締結日	良質な住宅用家屋※	左記以外の住宅用家屋
平成28年1月〜令和2年3月	1,200万円	700万円

【消費税率10%の住宅用家屋を購入したとき】

住宅用家屋の取得等に係る契約の締結日	良質な住宅用家屋※	左記以外の住宅用家屋
平成31年4月〜令和2年3月	3,000万円	2,500万円
令和2年4月〜令和3年3月	1,500万円	1,000万円
令和3年4月〜令和3年12月	1,200万円	700万円

※良質な住宅用家屋とは、一定の省エネ住宅または耐震住宅、バリアフリー対策が施された住宅をいう。

■対象となる住宅

住宅の新築だけでなく、新築物件の購入や一定の既存住宅（中古）、増改築についても対象となる。

面積要件
① 50㎡以上 240㎡以下
②床面積の2分の1以上が居住用であること

既存住宅の場合
①取得の日以前20年以内
　（耐火建築物は25年以内）
　に建築されたものであること
②一定の耐震基準を満たしていること

中古住宅も特例の対象となる

　この非課税の特例の目的は、高齢者から現役世代への資産の早期移転にある。子や孫のマイホーム購入時は、相続対策を実行に移す大きなチャンスである。

06 教育資金の一括贈与なら非課税

父母や祖父母が子や孫に、教育資金として贈与するなら1,500万円まで一括贈与しても、贈与税がかかりません。

贈与するなら2021（令和3）年3月31日までに

　教育資金の一括贈与時の非課税制度ができる前は、祖父母が孫などに教育資金をあげたいと思っても贈与税がかかるため、お金が必要な都度渡さなければならないなど、非常に手間がかかっていました。

　教育資金の一括贈与の非課税制度は、一括で**1,500万円**の贈与ができるようになっています（租税特別措置法70条の2の2）。当初は、2019年3月31日までの期間限定となっていましたが、2021年3月31日まで延長されることになりました。

> ※2019（平成31）年4月1日以後は受贈者の前年の合計所得金額が1,000万円を超える場合には、この非課税の適用を受けられない。

●適用対象者

　直系尊属（父母・祖父母など）から教育資金の一括贈与を受けた30歳未満の直系卑属（子や孫など）

●使用目的

　教育資金とは、次のようなものをいいます。

①学校等に直接支払われたもの（1,500万円を限度）

　入学金、授業料、保育料、給食費、修学旅行費など

②学校等以外の者に支払われたもの（500万円を限度）

　塾などの学習費用、おけいこ事の費用、留学渡航費など

> ※2019（令和元）年7月1日以後は23歳以上の受贈者は使用の範囲に一定の制限がある。

●手続き

　贈与者が受贈者の名義で金融機関（信託銀行等）に口座開設し、教育資金を一括して預入れ、孫等がその金融機関を経由して納税地の所轄税務署長に**教育資金非課税申告書**を提出します。使われたお金の領収書等を金融機関等が確認して保存します。

●終了時期

　30歳までに贈与された資金を使い切ること。残った場合は、贈与税がかかることがあります。なお、受贈者が死亡した場合には、贈与税は課されません。贈与者が死亡した場合にも、残額に相続税は課されません。

　　※2019（平成31）年4月1日以後、一定の場合には残額が相続税の対象になることがある。

■教育資金の一括贈与時の非課税

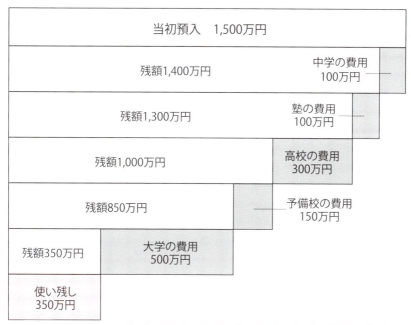

07 結婚・子育て資金の一括贈与

結婚・子育て資金としてなら、祖父母や父母から子や孫に一括贈与しても贈与税がかかりません。

祖父母等は結婚・子育て資金を一括贈与しよう

厚生労働省から公表された 2017 年の人口動態統計によると、1 人の女性が生涯に産む子供の推計人数（合計特殊出生率）は 1.43 となり、前年から 0.01 ポイント低下し、出生数も 94 万 6,060 人で、過去最少を更新したそうです。

少子化の要因のひとつとして、子育てにお金がかかることがあげられます。政府も手をこまねいているわけではなく、平成 27 年度税制改正において「**直系尊属から結婚・子育て資金の一括贈与を受けた場合の贈与税の非課税措置**」を創設しました（租税特措置法 70 条の 2 の 3）。

祖父母等の資産を早期に若年世代に移転し、孫などの結婚・妊娠・出産・育児費用を応援できるよう、これらの資金の一括贈与については非課税としたのです。

1,000万円まで贈与税が非課税になる

直系尊属（祖父母・父母など）から子や孫などへ結婚・子育て資金を贈与した場合は、受贈者 1 人当たり **1,000 万円**（結婚関係への支払いは 300 万円）まで、贈与税が非課税になります。

結婚・子育て資金の一括贈与の非課税措置は、114 ページで紹介した住宅購入資金等の贈与の特例と並んで、非課税となる金額が大きいため、相続税対策として有効に活用すべき制度です。暦年贈与をするチャンスを逸してしまった人も、子や孫に対してまとまったお金を一括でプレゼントしてはいかがでしょうか。

■結婚・子育て資金の一括贈与の非課税措置

●結婚・子育て資金

1．結婚資金とは？

①結婚に際して支出する婚礼（結婚披露を含む）に要する費用
②新居の賃貸契約後3年経過までに支払われる家賃・敷金など
③新居に引っ越しするための費用

2．子育て資金とは？

①妊娠中にかかる費用・不妊治療の費用
②出産費用その他これに類する費用
③小学校就学前の子の医療にかかる費用その他これに類するもの
④幼稚園・保育所等に支払う保育料など

●対象となる人

20歳以上50歳未満の個人（受贈者）が結婚・子育て資金の支払いに充てるために、その父母・祖父母などの直系尊属（贈与者）から金銭の贈与を受ける場合に対象となる。

※2019（平成31）年4月1日以後の贈与について受贈者の前年の合計所得金額が1,000万円を超える場合は、非課税の適用は受けられない。

●手続き方法

　受贈者1人につき1,000万円（結婚資金は300万円）までの金額について、金融機関に信託等をして資金管理契約を結ぶ。

■資金管理契約の終了・受贈者が死亡した場合

　結婚・子育て資金の一括贈与の非課税制度は、受贈者が50歳に達した場合、または受贈者が死亡した場合に終了する。**50歳**に達した時点で、信託された結婚・子育て資金の残額があるときは、その残額に対して贈与税が課される。しかし、受贈者が死亡した場合には贈与税は課されない。

●贈与者が死亡した場合

　信託期間中に贈与者が死亡した場合には、その死亡の日における管理残額については、受贈者が贈与者から相続などによって取得したものとみなされ、相続税の課税価格に含まれることとなる。

【ワンポイント】

　信託等があった日から資金管理契約の終了時までに、贈与者が死亡した場合は、管理残額については相続により取得したものとみなされて、相続税の課税価格に加算される。しかし、当該残額に対応する相続税額については相続税の2割加算※の対象とされない。この点においては、有利な制度といえる。

　　　　　　　　　　　※2割加算については65ページ参照。

■非課税措置の仕組み

贈与者
祖父母・父母

最大
1,000万円

金融機関

資金の払出し
支払請求

受贈者
子・孫

結婚・子育て資金を一括して拠出（贈与）
預入金
非課税限度額1,000万円

| 残額700万円 | 結婚関係資金 300万円 |

※結婚関係のものは300万円が限度

| 残額650万円 | 出産関係資金 50万円 |

● 子育て

| 残 100万円 | 育児関係資金 550万円 |

※金融機関が領収書等をチェックし、育児関連資金に該当することを確認

● 50歳到達時

| 残 100万円 | ← 残額に贈与税が課される |

　贈与者が死亡した場合は、その時の残高を相続財産に加算する。ただし相続税の計算をする場合、孫等への遺贈に係る相続税額の2割加算の対象とされない。使い残しに対しては贈与税が課税される。

08 贈与税の配偶者控除について

結婚20年以上の夫婦間には、最高2,000万円まで贈与税の特例が
あります。この制度を利用すればかなりの節税が可能です。

2,000万円贈与しても非課税になる

結婚してから20年経過した夫婦間では、**居住用不動産**を贈与しても
2,000万円までは贈与税がかかりません（贈与税の配偶者控除）。ただし、
同じ配偶者からの贈与は1回限りの適用となります。なお、配偶者に対
する相続税の軽減（32ページ参照）とは別物ですから、混同しないように
注意してください。

■適用要件
●婚姻期間20年以上の夫婦
法律上婚姻していると認められる期間（結婚届を出した日から贈与を
する日までの期間）をいう。
●居住用不動産の内容
①居住用の土地等（借地権等を含む）または家屋（以下、「居住用不動
産等」）。
②居住用不動産等を購入するために配偶者から贈与された現金（贈与を
受けた年の翌年3月15日までに贈与を受けた人が居住用不動産等を購入
し、その日までにその居住用不動産等に居住し、かつ引き続き住み続け
る場合に限る）。

※①、②とも国内にある居住用不動産に限られる。

●現行は、この贈与により取得した居住用不動産は持ち戻しの対象と
なっていたが、2019（令和元）年7月1日以後の贈与は対象とならない
（166ページ参照）。

■**制度の利用例**

例えば、土地の贈与時の評価額が 500 万円だとしたら、残額の 1,500 万円を現金でもらい、その現金を使い土地の上に新築の家屋を建てることもできる。

土地500万円　　現金1,500万円　　家屋1,500万円

さらに、**暦年課税**の基礎控除額 110 万円も同時に利用できるため、節税のダブル効果を享受できる。

例　土地と家屋の評価額が 3,000 万円の場合

$$3{,}000\,万円 - \underset{\text{贈与税の配偶者控除額}}{2{,}000\,万円} - \underset{\text{基礎控除額}}{110\,万円} = 890\,万円\ (\text{贈与税の課税価格})$$

$$890\,万円 \times \underset{\text{贈与税率}}{40\%} - \underset{\text{控除額}}{125\,万円} = 231\,万円\ (\text{贈与税額})$$

●**贈与税以外の税金にも注意**

土地・建物を贈与した場合には、当然に不動産の名義を変更することになり、**登録免許税**や**不動産取得税**などもかかってくる。

【ワンポイント】相続との兼ね合いを考慮する

夫が居住用不動産の贈与をせずにそのまま持ち続け、相続が発生した場合、配偶者（妻）は財産すべてを相続しても 1 億 6,000 万円までは相続税がかからない（32 ページ参照）。生前に贈与するか、相続まで待つか、よく考えた上でどちらを選ぶか判断すべき問題である。

09 相続対策にも有効！ジュニアNISA

2016年1月からスタートしたジュニアNISA（未成年者少額投資非課税制度）を活用した相続対策を考えてみましょう。

株式投資で利益を上げてもかかる税金は0％

ジュニアNISAとは、未成年のための少額投資非課税制度です。ジュニアNISA口座で投資すると、そこで得た上場株式や投資信託等の配当金や分配金、譲渡益にかかる税金が非課税になります。

5年間非課税になるのは、一般のNISA口座と同じです。ちなみに、現在の非課税投資枠は年間で、ジュニアNISA口座80万円、一般NISA口座は120万円となっています。

■一般NISAとジュニアNISA

	一般NISA	ジュニアNISA
年齢	年齢20歳以上	0〜19歳
年間の投資上限額	120万円	80万円
口座開設期間	2023年開始分まで	
非課税対象	運用される株式や投資信託等での利益	
非課税期間	投資した年から最長5年	
運用管理	払い出しは自由	原則として親権者が代行運用 18歳までは払い出し不可

124

■ジュニアNISA口座についての留意点

①利用対象は0〜19歳までの未成年者。
②口座開設時点で日本国内に居住している者。子や孫であっても国外居住の場合は対象にならない。
③運用は親権者が代わりに行う。一定の条件のもとに祖父母も運用できるが、払い出しはできない。
④ジュニアNISA口座は18歳になるまで非課税で払い出しはできない。
⑤20歳である年の前年12月31日まで運用できるが、その後は一般のNISA口座へ移管できる。
⑥年間投資上限額80万円は、暦年課税の基礎控除額110万円に含まれる。

運用・管理は親権者等が代理で行う

ジュニアNISA口座は、親権者が代理で運用・管理する。

※一定の条件のもとに祖父母が運用・管理（払い出しは不可）もできる。

親・祖父母

運用・管理

子のジュニアNISA口座

■ジュニアNISAのメリット

　贈与税の基礎控除額**110万円**の枠内にジュニアNISA（上限額80万円）の制度があることが大きい。つまり、親や祖父母が子・孫のためにジュニアNISA口座を開設し、80万円を提供しても生前贈与の非課税の範囲内に収まり、贈与税は発生しない。ただし暦年贈与をした場合、ジュニアNISAと合わせて1110万円を超えると贈与税が発生する。

10 生前贈与シミュレーション①

ここからは生前贈与のシミュレーションを2例ほど紹介します。家族構成、財産額によって生前贈与のベターなやり方を考えます。

預貯金6,000万円、一戸建て所有のケース

事例1

家族構成　夫（69歳）
　　　　　妻（65歳）※妻は専業主婦
　　　　　子供2人
　　　　　（長男35歳、次男33歳）
　　　　　孫4人

財産額　　預貯金6,000万円
　　　　　首都圏郊外に一戸建てを所有

● 財産評価を行う

　相続税を計算する場合は、まず初めに財産評価額を確定させます。

【手順】
① 預貯金・株式などの残高証明書を金融機関から取り寄せる。
② 預金通帳を過去5年間分ほど用意しておく。
③ 家屋と土地の評価額を算出する。
④ 債務（借入金など）を確定する。
⑤ 非課税となるもの（葬式費用、お墓など）の領収書を用意する。
⑥ みなし相続財産（保険金など）を洗い出す。

　この事例では、次のような財産評価額と仮定して計算します。

預貯金	6,000万円
家屋	500万円
土地	500万円（小規模宅地等の特例適用後）
株式	1,000万円
生命保険金	500万円（2,000万円 − 非課税枠1,500万円）
相続財産額合計	8,500万円

次は、法定相続人と法定相続分を確定します。夫が死亡した場合、残された遺族は妻と2人の子供です。

法定相続人　妻
　　　　　　子供2人（長男と次男）

法定相続分　妻　2分の1
　　　　　　長男　4分の1
　　　　　　次男　4分の1

実際に、相続税を計算してみましょう。

1. 基礎控除額（3,000万円 + 600万円 × 3人 = 4,800万円）を差し引く
   8,500万円 − 4,800万円 = 3,700万円
2. 法定相続分通りに取得したものとすると
   妻　1,850万円　長男　925万円　次男　925万円
3. 相続税の総額を算出する
   ①妻　　1,850万円 × 15% − 50万円 = 227万5,000円　→　ゼロ※
   ②長男　925万円 × 10% = 92万5,000円
   ③次男　925万円 × 10% = 92万5,000円

長男と次男は2人合わせて185万円の相続税を納付しなければならない

※配偶者は1億6,000万円または法定相続分相当額まで相続税はかからないため（32ページ参照）

もし生前贈与をしておけば

≪生前贈与プラン≫

① 次男がマイホーム（省エネ等住宅）を購入するにあたり2年前に1,000万円の住宅取得等資金を贈与

② 孫が計4人いるので年100万円ずつを5年間にわたり贈与

③ 株式を5年前に長男と次男にそれぞれ100万円ずつ贈与

したとすると、財産額は以下のようになります。

預貯金	3,000万円
家屋	500万円
土地	500万円（小規模宅地等の特例適用後）
株式	800万円
生命保険金	500万円（2,000万円－非課税枠 1,500万円）
相続財産額合計	5,300万円

改めて、このプランで相続税を計算してみましょう。

1．基礎控除額（3,000万円＋600万円×3人＝4,800万円）を差し引く

　　5,300万円－4,800万円＝500万円

2．法定相続分通りに取得したものとすると

　　妻　250万円　長男　125万円　次男　125万円

3．相続税の総額を算出する

　　① 妻　　250万円×10%　＝25万円

　　② 長男　125万円×10%　＝12万5,000円

　　③ 次男　125万円×10%　＝12万5,000円

　　④ ①＋②＋③＝50万円

4．相続財産は以下の通りとする

　　妻：預貯金2,000万円

生命保険金500万円

長男：預貯金 500万円

　　　家屋　 500万円

　　　土地　 500万円（小規模宅地等の特例適用後）

次男：預貯金 500万円

　　　株式　 800万円

5．税額の計算

① 妻：相続財産額2,500万円＜1億6,000万円なので税額ゼロ

② 長男：50万円（相続税の総額）× $\dfrac{1,500万円（長男の相続財産額）}{5,300万円（課税価格の合計額）}$

　　　　　　　　　　　　　　　　　　＝14万1,500円

③ 次男：50万円（相続税の総額）× $\dfrac{1,300万円（次男の相続財産額）}{5,300万円（課税価格の合計額）}$

　　　　　　　　　　　　　　　　　　＝12万2,600円

④ ①＋②＋③＝26万4,100円

　前述のように、法定相続分の通りに計算すると相続税額は185万円でしたが、生前贈与をすることで26万4,100円にまで圧縮できるわけです。

　生前贈与にこだわらずに、配偶者に対する税額の軽減を利用して財産全額を配偶者に相続させるということもできます。この場合の税額はゼロになりますが、問題点もあります。

　いちばんの問題は、**二次相続**です。妻が亡くなったときに財産は長男と次男が相続するわけですが、そうすると今度は配偶者に対する税額の軽減が適用されません。また、妻が亡くなった時点で長男・次男がともに別の場所にマイホームを所有していたりすれば、小規模宅地等の特例（特定居住用宅地等）も使えなくなります。

　やはり、二次相続を見据えて、早め早めに資産を分散しておいた方がよいでしょう。

　　　　　　　　※残された配偶者が亡くなったときに発生する2回目の相続のこと。

第3章　生前贈与の徹底活用

11 生前贈与シミュレーション②

シミュレーション2例目は、自宅は持ち家ではないものの、預貯金をたくさん持っている事例です。

自宅は賃貸でも、預貯金が多いケース

事例2

家族構成　夫（67歳）
　　　　　妻（58歳）※妻はパートタイマー
　　　　　子供2人
　　　　　（長男33歳、長女29歳）
　　　　　孫1人（4歳）

財産額　　預貯金等9,500万円
　　　　　自宅は賃貸（持ち家なし）

●財産評価を行う

前項と同じく、まずは財産評価を行います。手順も同じです。
この事例では、次のような財産評価額と仮定します。

預貯金	7,000万円
株式	1,000万円
生命保険金	1,500万円（3,000万円－非課税枠1,500万円）
相続財産額合計	9,500万円

次は、法定相続人と法定相続分を確定します。

実際に、相続税を計算してみましょう。

1. 基礎控除額（3,000万円＋600万円×3人＝4,800万円）を差し引く
   9,500万円－4,800万円＝4,700万円
2. 法定相続分通りに取得したものとすると
   妻　2,350万円　　　長男　1,175万円　　　長女　1,175万円
3. 相続税の総額を算出する
   ① 妻　　2,350万円×15％－50万円＝302万5,000円
   　　　　　　　　　→配偶者に対する税額の軽減適用でゼロ
   ② 長男　1,175万円×15％－50万円＝126万2,500円
   ③ 長女　1,175万円×15％－50万円＝126万2,500円
   ④ ①＋②＋③＝252万5,000円

> 長男と長女は2人合わせて252万5,000円の相続税を
> 納付しなければならない

● **法定相続分通りに取得しなかった場合**

　法定相続分ではなく、各人の財産の取得価額が財産総額に占める割合に応じて、相続税の総額を乗じて計算します。この場合でも配偶者に対する税額の軽減（1億6,000万円まで）は変わりありません。

生前贈与対策を行った場合

≪アパートを購入する≫
1. 預貯金の一部を賃貸用アパートの購入に充てる
   購入額：土地　4,000万円
   　　　　家屋　2,000万円

≪生前贈与する≫
2. 株式の一部を5年前と4年前に生前贈与として
   長男と長女に100万円ずつ贈与　→　合計400万円
3. 孫に教育資金として500万円を贈与

≪相続発生時の財産評価額≫

預貯金　　　　　　800万円　（生前贈与で預貯金は残高500万円
　　　　　　　　　　　　　　となったが賃貸用アパートの収
　　　　　　　　　　　　　　入が300万円増加した）
株式　　　　　　　600万円
生命保険金　　　1,500万円　（3,000万円－非課税枠1,500万円）
賃貸用アパート　土地　評価額　2,600万円
　➡　小規模宅地等の特例適用後は
　　　土地1,300万円　家屋1,500万円（償却後の評価額）

相続財産額合計　　5,700万円

改めて、相続税を計算してみましょう。
1. 基礎控除額（3,000万円＋600万円×3人＝4,800万円）を差し引く
   5,700万円－4,800万円＝900万円
2. 法定相続分通りに取得したものとすると
   妻　450万円　長男　225万円　長女　225万円
3. 相続税の総額を算出する

①妻　　450万円×10％＝45万円

②長男　225万円×10％＝22万5,000円

③長女　525万円×10％＝22万5,000円

④①＋②＋③＝90万円

4．相続財産は以下の通り

　　妻　：預貯金800万円、株式600万円　→　合計1,400万円

　　長男：生命保険金1,000万円　→　合計1,000万円

　　長女：賃貸用アパート土地1,300万円、家屋1,500万円、

　　　　　生命保険金500万円　→　合計3,300万円

5．税額を計算する

①妻　　相続財産額1,400万円　＜　1億6,000万円　→　税額ゼロ

②長男　90万円×1,000万円／5,700万円＝15万7,800円

③長女　90万円×3,300万円／5,700万円＝52万1,000円

④①＋②＋③＝67万8,800円

　以上のような生前贈与を行うことで、252万5,000円だった相続税額が67万8,800円にまで減額されました。

【ワンポイント・アドバイス】

　この事例でのポイントは暦年贈与です。長男と長女に生前贈与した株式は相続開始前3年以内よりも前の4年前と5年前に行っています（相続財産とみなされない。104ページ参照）。

　また、預貯金が多く、持ち家ではないため小規模宅地等の特例である特定居住用財産の80％減額の適用がありません。ですから、相続税評価額を抑えるために賃貸用アパートを購入し、貸付事業用宅地等として50％減額の特例適用を受けています。ただし、この場合にも家賃収入が入ることで預貯金の増加があることに注意しなければなりません。引き続いて相続税対策を講じていく必要があると思われます。

第3章　生前贈与の徹底活用

12 みなし贈与①
生命保険料の肩代わり

みなし贈与には、いくつかのケースがあります。いずれも知らなかったでは済まされないものです。

そもそも"みなし贈与"とは？

　民法上、贈与とは「もらう側」と「あげる側」の双方が合意して成立する契約とされています（双方の意思の合致があれば、契約書等の書面がなくても、口約束だけで贈与は成立します）。したがって、どちらか一方的に「あげた」or「もらった」としても、双方にその認識がなければ贈与は成立しないことになります。

　それに対して、**みなし贈与**とはどちらかが「あげた」or「もらった」の認識がなかったとしても、場合によっては贈与があったものと"みなして"贈与税を課税するという税法独特の規定です。

　みなし贈与と認定されると、贈与したという認識がないにもかかわらず、後から贈与税の支払いを求められてビックリ仰天することもあります。贈与税は税率が高いため、税額も非常に高額になることが多いです。そのため、みなし贈与に贈与税が課税された場合は、多額の税金を払わなければならないという事態も起こり得ます。

　そういうわけで、相続税対策を検討する上で、みなし贈与に関する基本的な知識は知っておかなければならないものといえるのです。

【参考】
（贈与）

民法・第549条
贈与は、当事者の一方が自己の財産を無償で相手方に与える意思を表示し、相手方が受諾をすることによって、その効力を生ずる。

■生命保険金（死亡保険金）と税金

　生命保険を活用した相続税対策に関しては60ページで触れたが、契約によって税金が違ってくるので、死亡保険金を受取った後に、思わぬ形で相続税や贈与税、所得税を課される場合があるので注意したい。

●保険料負担者・被保険者・受取人の関係

　もう一度、生命保険の課税関係をおさらいしておこう。誰が保険料を支払い、誰が保険金をもらったかで課税関係が大きく変わってくる。

保険料負担者 （契約者）	被保険者	受取人	保険金の 種類	効果
本人	本人	相続人	死亡 保険金	「500万円× 法定相続人の数」が 相続税の非課税対象
	子など	本人	死亡 保険金	本人に 所得税がかかる
	子や孫	妻	死亡 保険金	妻に 贈与税がかかる
	本人	本人	満期 保険金	本人に 所得税がかかる
	本人	妻や子	満期 保険金	妻や子に 贈与税がかかる
	妻や子など	本人	満期 保険金	本人に 所得税がかかる

第3章　生前贈与の徹底活用

135

■みなし贈与にかかわる生命保険契約の具体例

　一番わかりやすいのは、親が子供を受取人とする保険に加入して、保険料を支払い、満期時に保険金が子供に支払われるケースである。この場合、相続が発生しているわけではないので、相続税は発生しない。しかしながら、親が支払いを行った保険料により子供が保険金（**満期保険金**）という利益を得ている。これは親子の間での合意に基づいて行われてはいないけれども、子供が利益を贈与により受けたと"みなされる"こととなる。

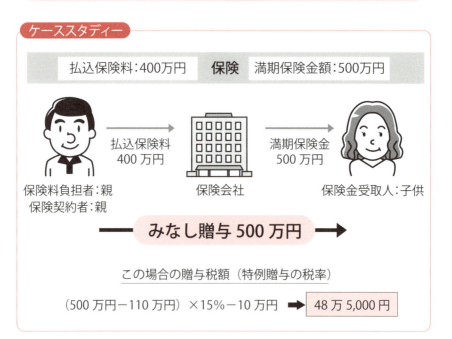

　相続税のみなし相続財産（死亡保険金や死亡退職金等）とは異なり、非課税枠（500万円）がないため贈与税額が高負担となる。

■生命保険契約を相続税対策にするには
●保険金の受取人を子供にする

　生命保険に加入する際、残された配偶者の生活資金確保のために保険料負担者と被保険者を本人、死亡保険金受取人を配偶者とするケースが多いと思われる。しかし、実際に相続税額が発生した場合、配偶者は1億6,000万円までの税額軽減がある（32ページ参照）。相続税のことを考え合わせると、受取人を配偶者ではなく子供にしておいた方がよいともいえる。

　さらに、納税資金の問題もある。生命保険金は指定受取人が受取ることのできる遺産分割の対象とならない財産である。例えば、遺産分割で不動産だけを相続した相続人が相続税の支払いに困ることのないよう、死亡保険金の受取人に指定しておくのもひとつの方法だ。

●保険料を生前贈与する

　子供が親を被保険者として、終身保険契約を締結する。保険料負担者は子供になるが、その保険料を親から子供に毎年贈与していく。これには2つのメリットがある。

> 1．分割対象とならない遺産が相続人の手に直接渡る
> 2．親の遺産額が減少する　➡　相続税課税価格が減少する

　なお、この方法を取る場合は、贈与の事実を立証できるもの（例えば**贈与契約書**など）をきちんと用意しておくこと。また、贈与にかかる税額と将来の相続税額をよく考えて行う必要がある。

13 みなし贈与②　低額譲受

個人から財産を著しく低価額で譲受けた場合は、贈与という認識がないにもかかわらず、贈与があったと"みされる"ことがあります。

どうして低額譲受はみなし贈与課税されるのか？

本来の時価よりも著しく低い価額で財産を譲受けた場合は、時価と譲受価額の差額分を譲受人が得ている状態になります。その差額分が"**みなし贈与**"の対象となるのです。

具体的な事例としては、親族間や親子間で、時価より低い金額で土地を売買した場合などが該当します。

ケーススタディー1

時価1億円の価値がある土地（30年前に2,000万円で取得）を親（譲渡者）から3,000万円で買った子供（譲受人）は、7,000万円の得をしたことになる。差額の7,000万円分が贈与とみなされて贈与税の対象となり課税される。なお、親には売買にかかわる所得税が課されることとなる（3,000万円－2,000万円）×20％＝200万円（親の所得税）。

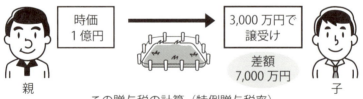

この贈与税の計算（特例贈与税率）

（1億円－3,000万円－110万円）×55％－640万円　＝　3,149万5,000円

基礎控除額

納付すべき贈与税額　3,149万5,000円

■共有名義で親子が不動産を購入した場合

親子で一緒に住もうと思い、居住用住宅を親と子が共有名義で購入したとする。このような場合は、資金の出資割合と共有名義の割合をきちんと合わせておかないと、贈与とみなされることもある。

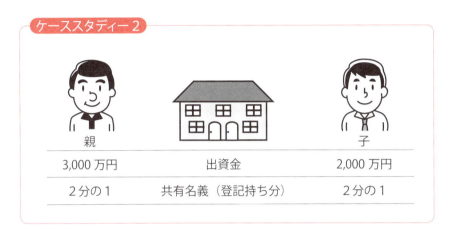

ケーススタディー2

親	出資金	子
3,000万円		2,000万円
2分の1	共有名義（登記持ち分）	2分の1

　購入金額5,000万円の2分の1に相当する金額は2,500万円であるが、子供は2,000万円しか出資していないため、差額の500万円が親から子に「贈与があった」とみなされ、贈与税が課税される。このようなみなし贈与は、夫婦の共有名義で不動産を購入する場合でも同じ考え方をするので覚えておきたい。

■無償の名義変更は贈与にあたる

　相続税や贈与税の話になると、「自分の持っていた株式（または不動産などの財産）は、もう子供のものに名義変更したから」という主張をよく耳にする。

　しかし、名義変更をすれば課税を逃れられるわけではない。名義変更の際にお金のやり取りがなければ、名義が自分のものになった子供は何の対価も払わずに親の財産を手に入れる。やはり、この場合も贈与とみなされて贈与税が課せられることとなる。

14 みなし贈与③ 債務免除と金銭貸借

借入金などの債務のある人が債権者から債務免除を受けた場合は、贈与とみなされてしまうことがあります。

債務免除が贈与とみなされる場合

「借金を返さなくてもよい」と**債務免除**(さいむめんじょ)を受けたり、他人に肩代わりしてもらったりしたら、「本来払うべき債務を免除された=経済的利益を受けた」として、その免除を受けた金額だけ贈与があったものとされます。

例えば、100万円の債務免除を受けたら、それは100万円の経済的利益を得たのと同じと考え、その利益は債務免除をした人から贈与により取得したものとみなされるのです。

ケーススタディー1

鈴木さんは佐藤さんからの借入金1,000万円があったが、返済をせずに何年も経過したため、佐藤さんから以下のような提案を受けた。

「借入金は200万円を返してくれれば、残りの800万円は返さなくてもいいよ」

この場合、返済不要とされた800万円は、みなし贈与の対象として贈与税が課される。

鈴木

佐藤

■債務者が資力を喪失している場合

債務免除が、みなし贈与の対象とされない例外もある。「債務者が資力を喪失して債務を弁済することが困難であると明らかである」などの要件に債務者があてはまれば、みなし贈与とはされない。

■相続時の債務について考えるべきこと

相続時に被相続人に債務があったとき、原則として債務は法定相続人が法定相続分を引き受けることとされている。しかし、原則通りに相続すると、不公平が生じることもある。トラブルを回避するために、相続人間で誰が債務を引き受けるか、何を相続するかなど、よく考える必要がある。

> **ケーススタディー2**
>
> 夫が借入金1,000万円を残して死亡した。法定相続分に従うと返済義務は妻500万円、長男250万円、長女250万円となる。これを長男が全額返済することで分割協議が整い、金融機関（債権者）と交渉して合意した。

これを**免責的債務引受**という。長男が父親の残した借入金を全額返済したことで、妻は500万円、長女は250万円の債務を返済しなくてもよくなる。相続税の申告時には、長男が債務の全額を**債務控除**（30ページ参照）することとなる。

> **免責的債務引受**：債権者に負っている債務を第三者が債務者に代わって引き受けること。

■みなし相続財産

　遺言で「長男に対する貸付金〇〇〇万円は、返済を免除する」と書き記した父親が死亡し、長男の返さなくてもよくなった借金は、相続税法上の相続財産になる。

> ケーススタディー3
>
> 「長男に貸した貸付金1,000万円は、自分が死んだら免除する」という父親の遺言があった。
> 父親が死亡したとき、長男は本来返済すべき1,000万円を返済する必要がなくなるため、1,000万円の経済的利益を受けることとなる。
> このケースのように「死亡したら債務を免除する」という遺言は、1,000万円をタダであげたのと同様の効果を生むわけで、債務免除された1,000万円は"みなし相続財産"として相続税の対象となる。
>
>

> **みなし相続財産**：死亡日においては被相続人が財産として持っていなかったが、被相続人の死亡を原因として相続人がもらえる財産のこと。みなし相続財産の代表的なものは、死亡保険金と死亡退職金である。

■賃貸物件を所有していた場合の借入金

借入金で賃貸物件を建てていた場合、一般的には賃貸物件を相続した相続人がその借入金を全部引受ける。この場合は、賃貸物件を相続した人が金融機関（債権者）と話し合い、他の相続人に対しては債務の取り立てなどを行わないようにしてもらう。

■連帯債務・保証債務などの場合

被相続人が**連帯債務**を有していた場合、連帯債務者が返済できなくなったときには債務額全額を返済しなければならない。**保証債務**の場合も、債務者本人が返済できなくなったときは、やはり返済する必要がある。

しかし、相続税の申告では、債務控除の対象となる債務は「相続開始時に存在していて確実と認められるもの」に限られている。保証債務に関しては一定の状況を除き、原則として債務控除の対象とはならない。保証人になるときは十分注意し、後々相続人の負担にならないようにしておきたい。

■親子間の金銭貸借で気を付けるべきこと

親子間でお金の貸し借りをする場合は「元金だけを返済すればよい」「利息はいらない」ということも多いと思われるが、税法上これは贈与とされることがある。

贈与でなく金銭貸借であると主張するためには、以下のポイントを押さえておくこと。
①金銭消費貸借契約書を作成しておく
②返済の証拠（借りた相手の口座に振込むなど）を残しておく
③できるだけ無利子としない
④あまりに高額な借入れはしない
⑤返済期限をきちんと決める

【コラム】
成年後見制度について

●成年後見人が参加する遺産分割協議

　成年後見制度は、認知症などが原因で判断能力が不十分な人（認知症高齢者、知的障がい者、精神障がい者など）がいる場合、選任された後見人が財産管理や契約、福祉サービスの利用契約などについて、本人に代理して行う制度です。例えば、老人ホームへの入所などの契約行為は、本人に代わって成年後見人が結びます。

　成年後見制度の利用によって、判断能力の低下した人の財産が第三者によって私的流用されたり、必要のない高額商品を購入させられたりするなどの経済的な損失被害を防止することができます。

　成年後見制度には、①法定後見制度と②任意後見制度の２種類があります。法定後見制度とは、すでに判断能力が不十分となっている人のための制度です。利用するには、家庭裁判所に審判の申立という手続きをとる必要があります。申立てできるのは、本人以外に４親等内の親族などですが、身近に申立てる親族がいない場合、本人の権利を守るために必要があるときは、市町村長が法律に基づき申立てを行うことができます（市町村長申立といいます）。

　任意後見制度とは、現在は判断能力があるが、将来に判断能力が不十分になった場合に備えて、事前に保護・支援してもらう人と支援内容を契約により決めておく制度です。

　遺産相続と成年後見制度はあまり関係ないように思えますが、そうでもありません。相続人の中に判断能力が不十分な人がいる場合、成年後見人が本人の代わりに判断するため遺産分割協議に参加します。

　例えば、遺産分割協議をしたいのだが、配偶者が認知症のため話し合いができないようなケースが考えられます。このような場合に備えて「成年後見制度」を利用します。今後、認知症を発症する高齢者が増えていくことを考えると、誰にとっても他人事ではないはずです。

第4章

遺言と配偶者への財産継承

01 遺産分割協議の進め方

相続人全員が納得すれば、自由に遺産の取り分を決めることができます。その話し合いが遺産分割協議と呼ばれるものです。

話し合いがまとまらない場合は調停へ

被相続人が遺言書を残していればそれに従い、遺言書を残していなければ法定相続分通り、もしくは相続人全員で「誰が何を相続するか」を話し合う遺産分割協議を行います。話し合いがまとまれば、遺産をいかように分けることができます。

遺産分割協議の内容を書面にしたものを**遺産分割協議書**といいます。

どうしても遺産分割協議が調わないときは、次のステップとして、家庭裁判所に遺産分割**調停**を申立てることになります。

相続の効力等に関する見直し

遺言等により承継された不動産について、法定相続分を超える部分の承継については、登記等をしないと、第三者に対抗できなくなった。

遺産分割協議はいつまでにやる？

ところで、遺産分割協議はいつまでにしなければならないのでしょうか？　意外にも遺産分割協議には期限が設定されていません。ただし、相続税の申告を行う必要がある場合は、遺産分割協議が済んでいないと、例えば**小規模宅地等の特例**（48ページ参照）や**配偶者に対する相続税額の軽減**（32ページ参照）などの特例が受けられなくなります。このような特例を受けたいときは、申告期限（**10カ月以内**）までに遺産分割協議を終わらせておく必要があります。

■遺産分割の方法

遺言書がある場合	遺言書がない場合
指定分割 遺言に従って分割する	**協議分割** 相続人全員の合意によって分割する

預貯金の仮払い制度

改正法により、相続人全員の同意がなくても、遺産分割前に預貯金の仮払いを受けられるようになった（58ページ参照）。

遺産分割協議が成立するには相続人全員の合意が必要

■話し合いがまとまらなかった場合

指定・法定相続分以外の遺産分割の方法としては、協議・調停・審判の3つ。このうち協議は裁判外の手続きだが、調停と審判は家庭裁判所における裁判手続である。

●遺産分割協議が調わなかったら…

・遺産分割調停（調停分割）

家庭裁判所が選任した調停委員を間に入れて、相続人間の話し合いをまとめていく。相続人全員の意見が一致したら調停成立となる。

↓ 不成立

調停が不成立に終わると、自動的に遺産分割審判に移行する

・遺産分割審判（審判分割）

話し合いの手続きではなく、裁判官がどのように分割すべきか決定（審判）する。訴訟と同じようなもの。

■遺産分割協議書（見本）

遺産分割協議書

　　被相続人　鈴木一郎

　　生年月日　昭和〇年〇月〇日

　　本　　籍　埼玉県さいたま市〇町〇丁目〇番地

　令和〇年〇月〇日上記被相続人鈴木一郎の死亡により開始した相続における共同相続人全員は、民法908条に基づく遺言による分割の指定及び禁止のないことを確認したうえで、被相続人の遺産を協議により下記のとおり分割する。

　1.次の不動産は鈴木良子が取得する。

　　所　在　さいたま市〇町〇丁目

　　地　番　〇番〇

　　地　目　宅地

　　地　積　〇〇・〇〇㎡

　　所　在　さいたま市〇町〇丁目　〇番地〇

　　家屋番号　〇番〇

　　種　類　居宅

　　構　造　木造スレート葺2階建

　　床面積　1階　〇〇・〇〇㎡　　2階　〇〇・〇〇㎡

　2.次の預貯金は鈴木たけしが取得する。

　　〇〇銀行　　さいたま支店　普通預金　口座番号1234567

　　〇〇銀行　　大宮支店　定期預金　口座番号1234567

　3.次の預貯金は鈴木きよしが取得する。

　　ゆうちょ銀行　通常貯金　記号〇〇　　番号〇〇〇〇〇〇

4. 相続人全員は、本協議書に記載する以外の遺産を、鈴木良子が
取得することに同意した。

　上記のとおりの協議が成立したので、この協議の成立を証明するために
相続人ごとに本協議書を作成する。

　　　　令和○年○○月○○日

　　　　埼玉県さいたま市○町○丁目○番○号　　　鈴木良子　（実印）

　　　　埼玉県川越市○町○丁目○番○号　　　　　鈴木たけし（実印）

　　　　東京都板橋区○町○丁目○番○号　　　　　鈴木きよし（実印）

「言った」「言わない」のトラブルを防ぐために、遺産分割協議書を作成する。書面の作成に不安がある場合は、行政書士などの専門家に相談するとよい。

■遺産分割協議書の作成方法

・用紙サイズの決まりなし。Ａ４サイズ推奨。

・氏名の横に実印を押す。

・２枚以上になるときは、各ページの継ぎ目に割り印を押す。

・手書きでもパソコンを用いてもどちらでもよい。遺産を取得しない人も含め相続人の数と同数作成し、全員が１通ずつ所持する。

相続登記するときには、遺産分割協議書が必要！

　相続財産に不動産が含まれている場合は、遺産分割協議書を作成する必要がある。また、銀行口座を解約する際にも遺産分割協議書が必要になる。

第4章　遺言と配偶者への財産継承

02 間違いのない遺言書の書き方

遺言には３つの方式があります。ここでは、3種類の遺言の違いについて確認しておきましょう。おすすめは、公正証書遺言です。

遺言書の形式は３種類ある

遺言書には「自筆」「公正」「秘密」の３種類があります。いずれの方法を取るにしても、きちんと形式に沿って作成したものでなければ、正式な遺言とは認められず、相続人への"単なる手紙"扱いになってしまうので、その点は注意が必要です。

３種類の遺言方式について簡単に説明すると、以下のようになります。

①自筆証書遺言　本人が書いて作成するタイプ
②公正証書遺言　公証役場の公証人が筆記して作成するタイプ
③秘密証書遺言　本人が書いた遺言書を、公証役場の公証人の面前
　　　　　　　　で封書して作成するタイプ

遺言としての法的な効力はどれも同じです。３つの形式の間に優劣はありません。自筆証書遺言は自筆ができて費用もかからず、書き直しや修正も自由にできるなど、最も手軽にできる方式です。その反面、書き方を間違えると、遺言が無効になってしまう危険性もあります。

おすすめは、**公正証書遺言**です。公正証書遺言は、遺言者が公証人に遺言の内容を伝え、公証人がその内容を遺言書に落とし込む（筆記する）形で作成します。そして、作成された原本が公証役場に保管されるため、紛失や偽造される心配がありません。ただし、公正証書作成手数料がかかります。手数料は遺言書に書く財産の合計額によって異なり、財産が多くなるほど高くなります。

■遺言できること

　遺言書に書いて法律上の効果を発生させることができるもの（遺言事項）は民法に定められている。これ以外のこと（付言事項）を書いてもいいが、法的効力を持たない。

①財産に関すること

祭祀承継者の指定

相続分の指定または指定の委託

遺産分割方法の指定または指定の委託

特別受益の持ち戻しの免除

相続人相互間の担保責任に関する指定

遺贈

遺贈の遺留分減殺方法の指定

信託の設定

②身分に関すること

認知

未成年後見人などの指定

推定相続人の廃除及び取消し

③遺言の執行に関すること

遺言執行者の指定または指定の委託

用語解説

【遺贈】

遺言によって、無償で自分の財産を他人に与える処分行為のこと。

【遺言執行者】

遺言の内容を正確に実現させるために必要な手続きなどを行う人。相続人の代表として、さまざまな手続きを行う権限を有している。相続人に限らず、弁護士等の専門家を指定することもできる。

第4章　遺言と配偶者への財産継承

151

遺言による相続は法定相続に優先するため、家族以外の血縁のない他人にも財産を与えることができるが、**遺留分**（い りゅうぶん）(156ページ参照) を侵害しないように気を付けたい。

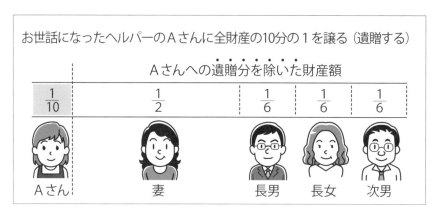

Aさんは受遺者として遺産を受取ることができる。Aさんへの遺贈分を除いた残額を妻と3人の子供で分けることになる。

■自筆証書遺言の方式緩和について

これまで、自筆証書遺言はすべて自分で手書きして作成する必要があった。そのため多くの財産を持っている人は、**財産目録**の作成が大きな負担となっていたが、2019(平成31)年1月13日以後は、財産目録に限ってパソコンで作成できるようになった。

また、自筆証書遺言に預貯金通帳のコピーや不動産の登記事項証明書を添付して、それを財産目録として使用する方法も可能となった。

●自筆証書遺言の保管制度の創設

自筆証書遺言を法務局で保管する制度（預かり制度）が創設された。預かる際に、法務局が遺言書の形式的な審査をした上で原本を保管してくれる。紛失、改ざん

の恐れがなくなるほか、形式無効を防ぐことができるなど、自筆証書遺言の短所がかなり解消されることになった。

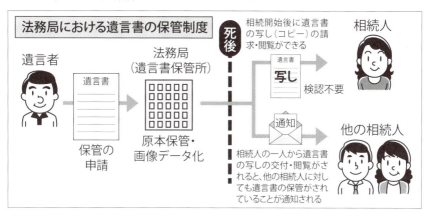

■公正証書遺言のすすめ

3つの遺言方式のうち、公正証書遺言は最も確実で安全。

メリット

・公証人が作成するので形式の不備で無効になることがない
・原本が公証役場に保管されるため、紛失、改ざんの恐れがない
・家庭裁判所の検認の手続きが不要

デメリット

・費用がかかる
・証人が2人以上必要になる

2人以上の証人

> **用語解説**
>
> **【公証人】**
>
> 公証人とは、ある事実の存在、もしくは契約等の法律行為の適法性等について、公権力を根拠に証明・認証する者。公証人は、資格を有するものから、法務大臣が任命する。裁判官、検察官、法務省職員OBが多い。
>
> **【公証役場】**
>
> 公証役場とは、公正証書の作成、私文書の認証、確定日付の付与等を行う官公庁。各法務局が所管し、公証人が執務する。公証役場は全国に約300カ所存在する。

■自筆証書遺言（文例）

遺書言

遺言者鈴木一郎は次の通り遺言する。

1　遺言者は下記の不動産を妻鈴木幸子（昭和○年○月○日生）に相続させる。

（1）土地

所　在　埼玉県上尾市○町○丁目

地　番　○○番○

地　目　宅地

地　積　○○m²

（2）建物

所　在　　埼玉県さいたま市○町○丁目○番地

家屋番号　○○番○

種　類　　居宅

構　造　　木造瓦葺２階建て

床面積　　１階　○○m²　２階　○○m²

2　遺言者名義の下記銀行預金を長男鈴木和彦（昭和○年○月○日生）に相続させる。

（1）○○銀行　△△支店　口座番号１２３４５６７

（2）□□銀行　××支店　口座番号８９１２３４５

3　遺言者名義の下記銀行預金を次男鈴木徹也（昭和○年○月○日生）に相続させる。

（1）凸凹銀行　□□支店　口座番号７６５４３２１

（2）凹凸銀行　○○支店　口座番号１２３１２３１

4　その他遺言者に属する一切の財産を妻鈴木良子(昭和○年○月○日生)に相続させる。

5　遺言執行者として、弁護士佐藤義男を指定する。

　　　　　令和○年○月○日
　　　　　埼玉県さいたま市○町○丁目○番地
　　　　　　　　　遺言者　鈴木一郎

■封筒の書き方

●自筆証書遺言の注意点

・年月日が特定できるように日付を書く。**「令和○年○月吉日」**※は無効。
・原則として、全文、日付、氏名を自分で書く。財産目録についてのみパソコンやタイプライターによる作成が認められる）(152ページ参照)。
・押印は実印であることは要求されていない（認印・三文判でも可）。法的な要件ではないが、完成した遺言書は封筒に入れて封をするのが望ましい。

　　　※「1月吉日」など、日付が特定できない遺言を無効とした判例あり。

03 相続人に保証されている遺留分

被相続人は、自分の財産を自由に処分できます。では、相続人ではない第三者に財産を譲るなんてことはできるのでしょうか？

兄弟姉妹に遺留分はない

遺言による相続は法定相続に優先します。つまり、遺言書に記した被相続人の意思が最優先されるのです。

とはいえ、「愛人に全財産を譲る」という遺言は、相続人からしたらとても受入れられないことでしょう。こんなときは**遺留分減殺請求**(げんさいせいきゅう)をして、財産を取り戻します。

遺留分とは、遺言をもってしても奪うことができない相続人の取り分です。遺言書を書く場合は、後々のトラブルを防ぐためにも、遺留分を侵害しない内容にしておきたいものです。

法定相続人が配偶者のみの場合は**2分の1**、子供のみの場合は**2分の1**、親だけの場合は**3分の1**が遺留分と決められています。

なお、遺留分は被相続人の兄弟姉妹以外の相続人に対して留保された相続財産の割合とされているため、死亡した人の兄弟姉妹には遺留分はありません。

ケーススタディー1

法定相続人が配偶者と子供（長男・長女の2人）の場合

全体の相続財産

遺留分
2分の1

配偶者
4分の1

子供2人
4分の1
（長男8分の1・長女8分の1）

※子供や直系尊属が複数人いる場合は人数で均等に分ける。

①配偶者のみ

配偶者
2分の1

②配偶者と子供

配偶者　　　子供
4分の1　　　4分の1

③配偶者と父母

配偶者　　　父母
3分の1　　　6分の1

④子供のみ

子供
2分の1

⑤父母のみ

父母
3分の1

⑥配偶者と兄弟姉妹

配偶者
2分の1

※兄弟姉妹には遺留分なし

⑦兄弟姉妹のみ

兄弟姉妹
0

※兄弟姉妹には
遺留分なし

■遺留分減殺請求

遺留分減殺請求をしないと遺留分を取り戻すことはできない（2019年7月以降は金銭債権になる）。

●時効に注意

遺留分減殺請求権は、相続開始及び遺留分の侵害を**知った日から１年以内**に行使しなければならない。ただし、**相続発生のときから10年**を経過すると、時効消滅して請求ができなくなる。

> **減殺請求権の期間の制限**
> **民法第1042条**
> 　減殺の請求権は、遺留分権利者が、相続の開始及び減殺すべき贈与又は遺贈があったことを知った時から一年間行使しないときは、時効によって消滅する。相続開始の時から十年を経過したときも、同様とする。

●手続き

遺留分を侵害している相手方に対して、減殺請求の通知を行う。通知は口頭でも可能だが、配達証明付きの内容証明郵便で郵送した方がよい（証拠を残すため）。

内容証明郵便で送る

> **【ワンポイント】**
> 相手が応じない場合は、裁判手続きを利用することになる。また、遺留分の金額算定は難しい面があるため、弁護士等の専門家に相談してから手続きを進めた方が無難である。

■遺留分侵害額請求権（2019年7月1日以降）

　遺留分減殺請求とは、遺留分を侵害された人が贈与や遺贈を受けた人に対し、遺留分侵害の限度で贈与や遺贈された財産の返還を請求することである。法改正前は、遺留分減殺請求があった場合、贈与または遺贈された財産そのもの（例えば土地の共有持ち分）を直接取り戻すのが原則であった。<u>改正後は、これを金銭で解決できる。</u>

　例えば、4,000万円の不動産に対して、2分の1の遺留分減殺請求する場合、これまでは2分の1の共有持分を取得することが原則であったが、改正後は、遺留分に相当する金銭（2,000万円）を請求できる。

※相続開始前10年間に、相続人に対して贈与された財産に限り、遺留分を算定するための財産の価額に算入する。

ケーススタディー2

　会社経営者であった被相続人が遺言書により「事業を手伝ってくれた長男に会社の土地・建物（1億円）をすべて相続させる」とされ、次男から遺留分侵害額請求がなされた。

長男のみが会社の
土地・建物を引き継ぐ

長男

遺留分侵害額請求

5,000万円
金銭で支払う

次男

※請求を受けた者は、一定期間、支払いの猶予を受けるために、裁判所に申立てることができる。

　遺留分を金銭で解決できるため、計算も簡単で不動産が共有になることもなく、後々の問題が残る恐れがないなど、事業継承がスムーズにできると評価される法改正である。

04 エンディングノートと遺言書の違い

エンディングノートとは、その名のとおり「終末（ending）」を記すノートです。自分らしい最期を迎えるために……。

エンディングノートとはどんなものか？

エンディングノートとは、高齢者が人生の終盤において起こり得る万一の事態に備えて、治療や介護、葬儀などに関して自身の希望や家族への伝言などを書き留めておくノートのことです。例えば、病気になったときは延命措置を望まない、葬儀は家族葬にしてほしい、自身が死亡したときに連絡すべき知人などを書き記しておきます。

エンディングノートは、数年前から終活の一環として注目され始め、今では書店や文具店などで市販されています。また、葬儀社等のＨＰから無料でダウンロードすることも可能です。ファイル形式としてWord版とＰＤＦ版が用意されていることが多く、パソコンを使って作成したり、自筆で記入していくこともできます。

エンディングノートには法的効力がない

エンディングノートには、規定された書き方がありません。書き留める事柄も基本的には自由で、相続に対する考え方を書き記すこともできます。ただし、遺言書と異なり法的な拘束力はありません。

エンディングノートに、誰に財産をいくら分けるか事細かに書いたところで、法的な効力は発生しないのです。財産分与など、誰にどれくらい相続させたいという明確な意思があるのならば、やはり**遺言**という形式をとるべきです。財産分与については遺言書、その他の人生終末期における自身の思いや希望を家族に伝えるのはエンディングノートという具合に、両者を使い分けるといいでしょう。

160

■エンディングノートと遺言書の違い

	エンディングノート	遺言書
法的効力	なし	あり
書き方	自由に書ける	法律で規定されたとおりに書かないと無効になる場合あり
遺産相続の手続き	できない	できる
費用	無料〜数百円	公正証書遺言の場合は、数万円の費用がかかる

■エンディングノートに記す内容

- 基本情報（名前、住所など）
- 連絡先リスト
- 財産
- 保険
- 年金
- 介護
- 終末医療
- 葬儀
- お墓
- 大切な人へのメッセージ　…etc.

エンディングノートは、入院時や相続時など、さまざまな"もしもの時"に役立つものである。

第4章　遺言と配偶者への財産継承

05 家族信託の活用について

2025年には65歳以上の高齢者の5分の1が認知症になるといわれています。今、認知症対策として家族信託が注目されています。

認知症への備えとして

　家族信託とは、資産を持つ人が自分の老後生活や介護等に必要な資金の管理・給付を行う際、保有する不動産や預貯金等を信頼できる家族に託し、管理・処分を任せること、と定義されます。

　こういわれても、「信託って何？」という人も少なくないでしょう。でもそれほど難しく考える必要はありません。要するに、「財産管理のひとつの手法」です。

　家族信託は、2007年の信託法改正に伴ってできた比較的新しい制度ですが、認知症対策や相続対策、空き家対策などに使えると、段々とその認知度が高まってきています。

「信託とは、委託者が信託行為（例えば、信託契約、遺言）によってその信頼できる人（受託者）に対してお金や土地、建物などの財産を移転し、受託者は委託者が設定した信託目的に従って受益者のためにその財産（信託財産）の管理・処分などをする制度です」（以上、金融広報中央委員会ＨＰより引用）。

　家族信託は、家族の間で財産の管理や移転を目的として信託を行うものです。被相続人が認知症等で判断能力が低下した後でも、財産管理を自分が信頼できる人物（受託者）に任せることができるため、認知症対策に有効であるといわれる所以です。現実的な問題として、認知症等の症状が進んでしまうと、効果的な相続対策ができなくなってしまいます。判断能力が衰える前に、将来の相続を見越して家族信託の利用を考えてみるとよいでしょう。

■認知症になると有効な相続対策ができなくなる

日本における認知症の将来推計

※各年齢の認知症有病率が一定の場合の将来推計人数/(率)
(認知症施策推進総合戦略(新オレンジプラン)〜認知症高齢者等にやさしい地域づくりに向けて〜の概要(厚生労働省)をもとに作成)・

● 認知症を発症すると…

・遺言書の作成
・契約の締結
・遺産分割協議
・相続の承認・放棄
・養子縁組
・預金の引出し、解約
・自宅の新築、改築、増築または大規模修繕などができなくなる

親が認知症になると実家の管理や売却ができなくなる

第4章 遺言と配偶者への財産継承

■対策その1　任意後見制度

自分で判断できるうちに、判断能力が不十分になったときに備えて、財産管理と身の回りのことを支援してくれる人（**任意後見人**）と任意後見契約を結んでおく。

■対策その2　家族信託

家族信託の仕組み

　家族信託は、財産を
①預ける人＝委託者　②預かる人＝受託者　③利益を得る人＝受益者
の三者構造で成り立っている仕組みである。
　例えば、父親の財産を長男に信託する場合

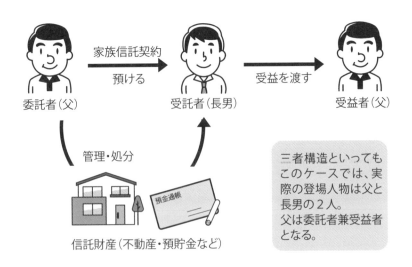

三者構造といってもこのケースでは、実際の登場人物は父と長男の2人。
父は委託者兼受益者となる。

●アパートの管理を息子（長男）に任せたい場合

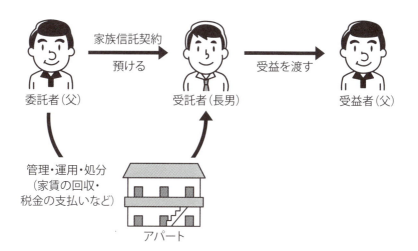

　例えば、父親が所有しているアパートを子供に家族信託するケース。父と子供の間で信託契約を結び、子供に管理・運用・処分する権限を与える。アパートを託された子供は家賃の回収をしたり、必要経費の支払いをしたりする。そこから得られた利益を受領する。

↓ 家族信託することで

　後々、父親が認知症になったとしても、子供の判断でアパートの修繕や相続対策ができる（子供が管理・処分できるため）。

契約書の作成は司法書士や行政書士などの専門家に任せること。

06 婚姻期間が20年以上ある 夫婦に有利な制度改正

結婚から20年以上経った配偶者へ思いやりのある制度ができました。自宅を生前贈与・遺贈することで、配偶者に家を残せます。

◆配偶者保護のための方策

これまでも長年連れ添った配偶者（妻とします）に対して自宅を生前贈与した場合、婚姻期間が20年以上あれば2,000万円までは**贈与税の配偶者控除**（122ページ参照）が適用されました。これに加えて贈与税の基礎控除額である110万円、合計2,110万円について贈与税の申告をすることで非課税になりました。しかし相続開始前3年以内の贈与については、**持ち戻し**（104ページ参照）が行われ、遺産分割の対象とされていました。

●**改正法でどうなった？**

今回の改正では、婚姻期間が20年以上ある夫婦について配偶者が自宅の生前贈与※などを受けた場合は、自宅は相続の対象から除外されることになります。つまり、遺産分割の計算対象に含めなくなります（持ち戻ししない）。

では実際にこの制度をどのように活用すればよいのでしょうか。配偶者へ自宅の生前贈与をしておけば安心とは限りません。自宅の評価額が贈与税の配偶者控除額である2,000万円（プラス基礎控除額110万円）を超えてしまう場合は超えた部分については贈与税がかかってきます。

また、配偶者控除額以内であっても、自宅の生前贈与を受けた配偶者（妻）が亡くなったとき、つまり**二次相続**（子が相続）が発生したときは、この自宅は相続財産となるため課税対象の遺産が増えることになります。この制度は自宅の評価額が2,110万円（基礎控除額含む）以内であるか、または親子関係が悪化していて分割協議がスムーズに進まないような場合に活用できそうです。

※遺言でもこの制度を利用できる。

■配偶者への自宅の生前贈与

ケーススタディー　子供のいないAさん夫婦の場合

　Aさん夫婦は子供がいないため、先にAさんが亡くなると、残された妻は自宅をはじめとした遺産をAさんの兄弟と分け合うことになる（Aさんの両親はすでに他界）。Aさんは妻の支えのもと、一代で築いた財産があるため、妻にできるだけ多くの財産を残したい気持ちがある。

法定相続分	$\frac{3}{4}$	$\frac{1}{8}$	$\frac{1}{8}$
	Aさん	Aさんの妻	Aさんの兄	Aさんの弟

●生前贈与と遺言ですべてが上手くいくか？

　そこでAさんは生前に相続対策として配偶者（妻）に自宅を生前贈与すると共に、「自分が死亡したら妻に全財産を譲る」という遺言書を作成することにした。兄弟姉妹には遺産の遺留分はないので、妻に全財産を残すことができる。

　しかしながら、この相続対策は大事な視点が欠けている。もしかしたら、妻の方がAさんより先に亡くなるかもしれない。そうなると存命している妻の兄弟に、生前贈与をして妻名義となった自宅や妻自身の財産を相続する権利が発生してしまうことになる。

　ここで忘れてならないのは、「Aさん自身の全財産を妻に残す」という遺言書とともに、「妻の全財産をAさんに残す」という遺言書を作成しておくことだ。ただしこの場合でも、もし妻の両親が存命ならば遺留分を請求されることがあるかもしれないので、その分の現金を残しておくべきである。

07 配偶者居住権の創設

改正法により、残された配偶者が相続後も引き続き自宅に住み続けられるようになりました。

配偶者の居住の権利が所有権とは別に設定できる

民法の規定では今まで夫が死亡した際、配偶者（妻）の相続分は2分の1でした。残された財産が自宅と土地だけで、ほかに十分な預貯金を有していなかった場合、子供たちが自分たちの法定相続分を主張したら、妻は自宅と土地を売却した現金を分ける以外に方法がありませんでした。泣く泣く自宅を手放し、妻は転居せざるを得なったのです。

改正法では、このような事態を避けるために、残された自宅と土地を「**所有権**」と「**居住権**」に分けて、配偶者（妻）が居住権（住み続ける権利）を取得すれば配偶者はそのまま安心して、自宅に住み続けることができるようになります。なお、この改正は2020（令和2）年4月1日から施行されます。

●短期と長期の居住権

居住期間は、短期居住権（6ヵ月）と長期居住権（配偶者死亡まで任意に設定できる）とに分かれています。短期居住権は、例えば遺産分割が終わるまで自宅に無償で住み続けられるというものです。それ以後は、遺産分割協議などで長期居住権を設定すれば配偶者（妻）が亡くなるまで自宅に住めることになります。

●居住権と所有権の評価

居住権と所有権の評価額は土地と建物それぞれについて、相続税評価額をもとにして残存耐用年数や複利現価率などを使って計算していきます。複雑なので専門家に相談しましょう。

●注意点は？

　配偶者居住権は第三者に売却することは認められておらず、配偶者の死亡と共に消滅します。また、権利を明確にするため居住権の登記をするわけですが、このとき登録免許税（建物の固定資産税評価額の1,000分の2）がかかります。

■配偶者居住権

　夫が死亡し、法定相続分通り妻は2分の1、子は2分の1を相続するとしたら、引き続き妻が自宅に住み続けたい場合には……。

　という相続となっていた。これでは残された妻が高齢だったりした場合、現金が500万円だけでは今後の生活が心配である。

　という相続となる。妻は自宅に住み続けられ、現金も1,500万円相続できるため、生活に少し余裕ができそうである。

08 妻がひとりになると年金はどうなる？

生前に夫がもらっていた老齢年金は、死亡によって支給がストップします。残された妻の年金収入はどう変わるのでしょうか？

女性は男性よりもおよそ7年長生きする

　厚生労働省調査によると、2017年の日本人の平均寿命は女性87.26歳、男性81.09歳。いずれも過去最高を更新し、前年に比べ女性が0.13歳、男性は0.11歳延びています。健康意識の高まりや生活習慣の改善、医療水準の向上などで、今後も平均寿命は伸びる可能性があると予測されています。人生100年時代の到来もそう遠くないかもしれません。

　改めて、このような統計データを見ると、男女の平均寿命にはおよそ7歳の差があることがわかります。仮に夫婦の年齢差が3歳あって妻が年下の場合、妻は夫が死亡した後、それから10年程は生きる計算になります。

老齢年金は死亡するまで支給される

　夫婦がともに平均寿命まで生きたとしたら、2人が受給していた年金はどうなるでしょうか？　公的年金の仕組みについては、ここでは詳細に説明できませんが、夫はサラリーマン、妻は会社勤めをした後に専業主婦の場合、それぞれがもらえる年金は「**老齢基礎年金＋老齢厚生年金**」の組合せになります。

　ご存じのように、老齢厚生年金は、個々人の加入期間と給与が計算のベースとされるため、実際にもらえる年金額は、働き方によって違ってきます。ちなみに、現在厚生年金をもらっている人の月額平均は14万5,305円です。老齢年金は死亡するまで支給されます。夫が死亡すれば、それまで夫が受給していた年金は当然、失権します。

■20年以上もある長い老後生活

女性
87.26歳

日本人の平均寿命（2017年）

男性
81.09歳

女性の場合、老後生活は20年以上にも及ぶ

20歳　　　　　　　　　　65歳　　87歳

65歳から年金をもらい始め、平均寿命の年齢に達するまでに22年！

■夫婦の年金はこうなる（65歳以降）

老齢厚生年金	老齢厚生年金
老齢基礎年金	老齢基礎年金
夫の年金（元会社員）	妻の年金（会社員→専業主婦）

※妻の老齢厚生年金の額が少ないのは、夫に比べて会社員の期間が短いため。

●失権（受給権の消滅）

　老齢基礎年金・老齢厚生年金の受給権（年金をもらう権利）は、受給権者が死亡したときに消滅する。

09 遺族厚生年金の基礎知識①

遺族年金は、国民年金もしくは厚生年金保険の被保険者または被保険者であった方が、亡くなったときに支給される年金です。

妻には遺族年金が支給される

前項で会社員として働いていた夫がもらっていた老齢年金（老齢基礎年金＋老齢厚生年金）は、夫の死亡により失権すると説明しました。つまり、それまで支給されていた夫の年金はストップします。

では、残された妻は、以降は自分の年金だけになるのかというと、そうではありません。支給要件を満たしていれば、**遺族厚生年金**を受給することができます。

遺族基礎年金は子育て年金

会社員の経験がある人の老後の年金は、老齢基礎年金と老齢厚生年金の組合せでもらえます。1階が老齢基礎年金、2階が老齢厚生年金となる、いわゆる2階建ての年金です。

遺族年金についても「**遺族基礎年金＋遺族厚生年金**」という2階建ての年金を受給できる場合があります。ただし、遺族基礎年金をもらえる対象者は、死亡した者によって生計を維持されていた①子のある配偶者、②子です。この場合の子とは18歳到達年度の末日（3月31日）を経過していない子、もしくは20歳未満で障害年金の障害等級1級または2級の子に限られます。

つまり、配偶者が遺族基礎年金をもらえるケースは、**子供がいる場合**だけです。元会社員の夫が死亡したときに、まだ高校を卒業していない子供がいなければ、妻には遺族基礎年金が支給されません。遺族基礎年金は"子育て年金"といわれる所以です。

172

■遺族基礎年金
●支給要件
　被保険者または老齢基礎年金の受給資格期間が25年以上ある者が死亡したとき［ただし、死亡した者について、保険料納付済期間（保険料免除期間を含む)]が加入期間の3分の2以上あること）※
●対象者
　死亡した者によって生計を維持されていた①子のある配偶者、②子とは次の者に限られる
・18歳到達年度の末日（3月31日）を経過していない子
・20歳未満で障害年金の障害等級1級または2級の子

■遺族厚生年金
●支給要件
①被保険者が死亡したとき、または被保険者期間中の傷病がもとで初診の日から5年以内に死亡したとき〔ただし、遺族基礎年金と同様、死亡した者について、保険料納付済期間（保険料免除期間を含む）が国民年金加入期間の3分の2以上あること〕※
②老齢厚生年金の受給資格期間が25年以上ある者が死亡したとき
③1級・2級の障害厚生（共済）年金を受けられる者が死亡したとき
●対象者
　死亡した者によって生計を維持されていた
・妻
・子、孫（18歳到達年度の年度末を経過していない者または20歳未満で障害年金の障害等級1・2級の者）
・55歳以上の夫、父母、祖父母（支給開始は60歳から。ただし夫は遺族基礎年金を受給中の場合に限り、遺族厚生年金も合わせて受給できる）

※2026（令和8）年4月1日前の場合は死亡日に65歳未満であれば、死亡日の属する月の前々月までの1年間の保険料を納付しなければならない期間のうちに、保険料の滞納がなければ受けられる。

10 遺族厚生年金の基礎知識②

男性より長生きする可能性が高い女性は、夫に先立たれた後に、もらえる年金額がいくらなのか知っておく必要があります。

10年間は一人暮らしを覚悟する

　夫婦2人、ともに年金をもらっているときは、比較的余裕があった家計も、配偶者に先立たれると経済的に苦しくなることが少なくありません。夫婦の年齢差もあるので一概にはいえませんが、女性は夫が亡くなってから後、10年程度は一人暮らしをしていく覚悟が必要だと思われます。

　現実的な話、先立つものはお金です。シニア世代にとって、生活の糧として頼りになるのは、やはり年金でしょう。パートナーが亡くなり、1人になったとき、どれくらいの年金収入が見込めるでしょうか？

遺族厚生年金は老齢厚生年金の75％の金額

　遺族厚生年金の年金額は次の算式により、計算されます。

$$\left[\text{平均標準報酬月額} \times \frac{7.125}{1000} \times \text{平成15年3月までの被保険者期間の月数} + \text{平均標準報酬額} \times \frac{5.481}{1000} \times \text{平成15年4月以降の被保険者期間の月数} \right] \times \frac{3}{4}$$

　式の中に「平成15年の3月・4月」というものが出てきますが、これは**総報酬制**が導入され、平成15年4月以後はボーナスからも保険料を徴収するようになったので、別々に計算するためです。

　注目してもらいたいのは、最後の「**×4分の3**」のところ。要するに、

遺族厚生年金の額は、それまで夫がもらっていた老齢厚生年金の額の4分の3になるということです。1人になったら、100％から75％の生活水準になるとイメージしてください。

■妻65歳からの年金のもらい方

遺族厚生年金、妻のもらい方は3パターン

夫の年金　　　　　妻の年金

老齢厚生年金 120万円
老齢基礎年金

老齢厚生年金40万円
老齢基礎年金

夫が死亡した後

①～③のうち、最も高い金額が妻に支給される。

①	②	③
妻の老齢基礎年金 ＋ 妻の老齢厚生年金	妻の老齢基礎年金 ＋ 遺族厚生年金	妻の老齢基礎年金 ＋ （妻の老齢厚生年金の 2分の1 ＋ 遺族厚生年金の 3分の2）
老齢厚生年金40万円 老齢基礎年金	遺族厚生年金90万円 老齢基礎年金	遺族厚生年金80万円※ 老齢厚生年金20万円 老齢基礎年金

※実際の内訳は、妻の老齢厚生年金（40万円）を優先的に支給し、差額が遺族厚生年金（60万円）として支給される。

11 夫死亡後の手続き①

身近な人が亡くなった後の手続き・届け出はたくさんあります。
特に行政関係の手続きは提出期限に気を付けましょう。

給付金の支給申請を行う

　死亡時の各種届け出は、次の３つです。①死亡届の提出、②死体火（埋）葬許可証交付申請、③住民異動届（世帯変更届）を市区町村役場に提出します。最近は、死亡届等の提出の代行をやってくれる葬儀社が多いので、相談してみるとよいでしょう。何かと慌ただしいときですから、頼めることはお願いした方がいいです。ちなみに、世帯の変更手続きは、死亡日から **14日以内** となっています。

　葬儀が終わった後にも数多くの手続きがあります。ここでは夫を亡くした後、残された妻がしなければならない行政関係の手続きを中心に、できるだけ時系列に沿って説明します。

　まず、すでに会社を退職し、国民健康保険や後期高齢者医療保険制度の被保険者が死亡したときは、**埋葬料**や**葬祭費**といった給付があります。申請するだけで現金が支給されます。期限は葬祭を行った日から２年。金額は市区町村により異なりますが、３万円または５万円のところが多いようです。

　また、亡くなった人が生前に高額な医療費を支払っていた場合には、相続人が代わって**高額療養費**の請求を行うことが可能。高額療養費は、払いすぎた医療費が戻ってくる制度です。請求の時効は２年ですので、うっかり忘れていたという人でも、まだ間に合うかもしれません。

　そして、**遺族年金**の請求です。一度、住所地近くの年金事務所に出向いて、遺族年金を受取れるのか、年金額はいくらになるのか、確認しましょう。

176

■死亡届

届出人：原則として親族、同居者。

提出期限：届出者が死亡の事実を知った日から７日以内

届出用紙は、市区町村役場に備えられている。Ａ３サイズの１枚の用紙で中央から左側が死亡届、右側が死亡診断書になっている。

届出地：下記のいずれかの１カ所。

・死亡地
・死亡者の本籍地
・届出人の所在地の市町村役場の戸籍・住民登録窓口

提出するもの：医師による死亡診断書（警察による死体検案書）、届出人の印

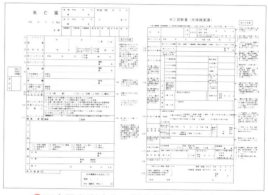

※死亡届を出すと、埋火葬許可証が交付される。

■世帯主変更届

住民票原本の中の世帯主が、死亡等で居なくなった場合に届出が必要になる。提出先は、市町村役場の戸籍・住民登録窓口。

届出人：同一世帯の人

届出期間：変更を生じた日から14日以内

届け出に必要なもの：

・本人確認書類（運転免許証など写真付き証明書）
・代理人が届出する場合には委任状
・印鑑

※国民年金手帳や国民健康保険証、マイナンバーカードの提示を求められたり、自治体により対応が異なるので、要確認のこと。

第4章 遺言と配偶者への財産継承

■住民異動届（東京都北区の例）

住 民 異 動 届 出 書

東京都北区長　あて
＊太線の枠内のみお書きください

年　　月　　日受付

＊該当するものに☑してください
- □転入（北区外から引越してきた方）　□転居（北区内で引越した方）　□世帯主変更
- □転出（北区外へ引越する方・引越した方）　□世帯分離・合併　□その他（　　　　　）

届出人	住所	〒　　　　　　　　　方書（マンション名等） 電話　　　（　　　）
（窓口に来られた方）	フリガナ	
	氏名	㊞　＊本人が署名された場合は不要です □本人または世帯主　　　　□代理人（本人との関係　　　　　　）

異動年月日	年　　月　　日		
新しい住所	（□届出人と同じ）　〒	方書（マンション名等） 号	世帯主（□届出人と同じ）
今までの住所	（□届出人と同じ）　〒	方書（マンション名等） 号	世帯主（□届出人と同じ）

＊異動者電話番号（届出人が代理人の場合）　　　　（　　　　　）

＊転入の方は、以前北区に住所がありましたか　□有（　　　　　）　□無

職員記入欄

	異動される方の氏名・フリガナ （届出人も記入してください）	生年月日	続柄	就学	通知カード	マイナンバーカード
1	フリガナ	明・大・昭・平・令・西暦 ・・・		小 ・ 中	有・無・送 記載変更 返納・再交付	申(統)・署・利 記載変・継続 返納・再交付
	氏名　□届出人と同じ					
2	フリガナ	明・大・昭・平・令・西暦 ・・・		小 ・ 中	有・無・送 記載変更 返納・再交付	申(統)・署・利 記載変・継続 返納・再交付
	氏名					
3	フリガナ	明・大・昭・平・令・西暦 ・・・		小 ・ 中	有・無・送 記載変更 返納・再交付	申(統)・署・利 記載変・継続 返納・再交付
	氏名					
4	フリガナ	明・大・昭・平・令・西暦 ・・・		小 ・ 中	有・無・送 記載変更 返納・再交付	申(統)・署・利 記載変・継続 返納・再交付
	氏名					
5	フリガナ	明・大・昭・平・令・西暦 ・・・		小 ・ 中	有・無・送 記載変更 返納・再交付	申(統)・署・利 記載変・継続 返納・再交付
	氏名					

職員記入欄

［／1・／2］			＊本人確認	□学生証
全部	□国保（手渡・〒・被保証/証回収）	□児童手当	□マイナンバーカード	□診察券
一部	□社保その他	□子供医療	□住基カード	□キャッシュカード
全・全	□年金	□個番新規	□特別永住者証明書	□聴聞（　　　　）
一・全	□就学通知	□住民票	□在留カード	□その他（　　　　）
一・一	□後期高齢医療（区分証明書）	（全・一　通）	□運転免許証	
	□異動届出受理通知送付	（・・・）	□運転経歴証明書	係長 / 受付・台帳
特例	□在留カード等の記載 　（住居地届出）	□印鑑登録/証回収 □印鑑証明　通	□パスポート □健康保険証	
	□介護保険	□住基カード（継）	□社員証	

令和元年5月1日改訂版

■埋葬料・葬祭費

国民健康保険の被保険者	50,000〜70,000円
後期高齢者医療制度の被保険者	30,000〜70,000円
申請期間	2年間
問い合わせ先	市区町村役場の保険年金課等

※給付の名称は市区町村によって異なっていて、支給される金額にも幅がある。
支給申請書は、市区町村役場の窓口で入手できる。

＜横浜市の例＞

●葬祭費の支給

支給額：5万円

【申請に必要なもの】

・申請する方の本人確認書類

・印鑑（朱肉を使用するもの）

・喪主の確認ができる書類

（葬儀店の領収書、請求書または会葬礼状など）

・金融機関の預貯金通帳または口座番号などの控え

※手元にあれば死亡した方の保険証を申請時に持参する。葬祭を行ってから2年で時効となる。

＜埼玉県後期高齢者医療広域連合の例＞

●葬祭費の支給

支給額：5万円

申請手続き先：居住している市町村の後期高齢者医療制度担当

※担当係は市町村により主管課、担当係が異なる

【申請に必要な書類等】

・後期高齢者医療葬祭費支給申請書

・葬祭を行ったこと及び葬祭執行者（喪主）を確認できるもの（会葬礼状、葬祭費用の領収書等）

・葬祭執行者（喪主）の印かん

・葬祭執行者（喪主）の口座番号・口座名義人の確認ができるもの

第4章　遺言と配偶者への財産継承

■国民健康保険葬祭費支給申請書（平塚市の例）

国民健康保険 葬祭費支給申請書

(提出先)
平塚市長

平塚市国民健康保険条例第6条の規定による葬祭費の支給を受けたいので、次のとおり申請します。

葬 祭 費	5	0	0	0	0	円

・死亡者は死亡時に平塚市国民健康保険の被保険者で、脱退手続きが（済んでいる・済んでいない）

・死亡の原因が交通事故など第三者行為などによるもので（ある・ない）

→「ある」の場合、第三者（加害者）から葬祭費用について賠償（自賠責保険の葬儀費等）を（受けた・受けない）

被保険者証の記号・番号	04 ― ・	
死 亡 年 月 日	平成・令和　　年　　月　　日	添付書類確認点
死 亡 者 氏 名		□死亡者氏名 □葬祭日
葬祭を行った年月日	平成・令和　　年　　月　　日	□申請者氏名

令和　　年　　月　　日

申請者
(葬祭を行った者)
　　住　所　〒　　―

　　(フリガナ)
　　氏　名　　　　　　　　　　　　　　　　　　　　㊞　　　　　　㊞

　　電話　（　　　　　　　）

　　死亡者との続柄

振 込 先 金 融 機 関

	銀　　行 信用金庫 信用組合 農　　協	本　店 支　店 支　所

口座種別	口 座 番 号（右詰め）	口 座 名 義 人
□ 普通預金 □ 当座預金 □ 貯蓄預金		(フリガナ) (氏　名)

(葬祭を行った者以外の人の口座に振込みを希望する場合は、次に署名押印してください。)

私の受取金を上記の口座名義人に振込むことを依頼します。

葬祭を行った者の氏名　　　　　　　　　　　　㊞

※処理区分（この欄の記入はいりません） 　　決定区分　□　上記申請により支給を決定する。 　　　　　　　□　次の理由により支給をしない。 　　　　　　　　□　平塚市国民健康保険に加入していない。 　　　　　　　　　　（資格喪失日 平成・令和　　年　　月　　日） 　　　　　　　　□	受付者印

■後期高齢者医療葬祭費支給申請書（川越市の例）

受付印

後 期 高 齢 者 医 療
葬 祭 費 支 給 申 請 書

受付日　　　　　年　　　　月　　　　日
決定日　　　　　年　　　　月　　　　日

保険者番号	3	9	1	1	2	0	1	6

被保険者番号

申 請 金 額　　¥ 5 0 0 0 0 －

死 亡 者 の 氏 名	
死 亡 者 の 住 所	
死亡者の生年月日	年　　　月　　　日
死 亡 年 月 日	年　　　月　　　日
葬　　祭　　日	年　　　月　　　日
死 亡 の 原 因	1：第三者行為（交通事故等）　2：自損事故　3：疾病等
葬祭執行者	住　　　所	
	フリガナ	
	氏　　　名	
	死亡者との続柄	

該当するものに〇を付けてください。該当するものがない場合は（　）内に記入してください。網掛けの中は記入不要です。

振込先		銀　　行 信用金庫 信用組合 協同組合 （　　　　　）	本店・支店 （　　　）	預金種別	普通　当座 （　　　）
口座番号 （左詰めで記入）					
口座名義人 （カタカナ）					

口座名義人欄は、カタカナで上段から左詰めで記入してください。濁点・半濁点は1字として、姓と名の間は1字空けてください。

埼玉県後期高齢者医療広域連合長　あて

上記のとおり葬祭費の支給を申請します。

　　　　　年　　　月　　　日
　　　　申請者（葬祭執行者）　住　所＿＿＿＿＿＿＿＿＿＿

　　　　　　　　　　　　　　　氏　名＿＿＿＿＿＿＿＿印

　　　　　　　　　　　　　　　電話番号＿＿＿＿＿＿＿＿

第4章　遺言と配偶者への財産継承

■高額療養費支給制度

医療費の一部負担金が高額になったとき、申請をして認められた場合に、自己負担限度額を超えた分が**高額療養費**として、後から払い戻される。なお、70歳以上の人と70歳未満の人では、自己負担限度額と計算方法が異なる。75歳以上の人については、後期高齢者医療制度から高額療養費が支給される。

自己負担限度額は所得金額により異なるため、高額療養費の計算方法等については、市区町村役場の担当窓口に問い合わせること。

＜さいたま市の例＞

さいたま市国民健康保険では、高額療養費の払戻しを受けられる世帯に対して、その診療を受けた月のおおむね3カ月後に高額療養費の支給申請書を送付している。

申請先：区役所保険年金課

自己負担限度額

国民健康保険の加入者が医療機関にかかり、1人1カ月、同じ医療機関について自己負担限度額を超えた場合、その超えた額を支給する。

70歳未満の方の自己負担限度額

区分	世帯内国保加入者の総所得金額等合計	自己負担限度額
ア	901万円超	252,600円＋ (医療費－842,000円)×1％
イ	600万円超 901万円以下	167,400円＋ (医療費－558,000円)×1％
ウ	210万円超 600万円以下	80,100円＋ (医療費－267,000円)×1％
エ	210万円以下	57,600円
オ (※1)	住民税非課税世帯	35,400円

70歳以上の方の自己負担限度額		
平成29年8月診療分から平成30年7月診療分まで		
区分	外来限度額 （個人ごと）	入院と外来の限度額 （世帯合算）
現役並み所得者（※2）	57,600円	80,100円＋ （医療費－267,000円）×1%
一般	14,000円	57,600円
低所得2（※3）	8,000円	24,600円
低所得1（※4）	8,000円	15,000円

平成30年8月診療分から		
区分	外来限度額 （個人ごと）	入院と外来の限度額 （世帯合算）
現役並み所得者3（※6）	252,600円＋（医療費－842,000）×1%	
現役並み所得者2（※5）	167,400円＋（医療費－558,000）×1%	
現役並み所得者1（※2）	80,100円＋（医療費－267,000）×1%	
一般	18,000円	57,600円
低所得2（※3）	8,000円	24,600円
低所得1（※4）	8,000円	15,000円

※1　住民税非課税世帯とは、世帯に属する世帯主（擬制世帯主を含む）及び被保険者のすべてが、その年度（4月から7月までは前年度）の住民税が非課税である世帯。

※2　「現役並み所得者」とは、世帯内の国民健康保険被保険者に前年（1月から7月までは前々年）の住民税課税所得が145万円以上の70歳以上の方がいる場合（＝現役並み所得者1）。

※3　「低所得2」とは、世帯主（擬制世帯主を含む）と世帯内の国民健康保険被保険者が全員、その年度（4月から7月までは前年度）の住民税が非課税の場合。

※4　「低所得1」とは、世帯主（擬制世帯主を含む）と世帯内の国民健康保険被保険者が全員、その年度（4月から7月までは前年度）の住民税非課税、かつ、前年（1月から7月までは前々年）の所得が0円の場合（公的年金収入の場合、収入から80万円を控除した額が所得）。

※5　「現役並み所得者2」とは、世帯内の国民健康保険被保険者に前年（1月から7月までは前々年）の住民税課税所得が380万円以上の70歳以上の方がいる場合。

※6　「現役並み所得者3」とは、世帯内の国民健康保険被保険者に前年（1月から7月までは前々年）の住民税課税所得が690万円以上の70歳以上の方がいる場合。

第4章　遺言と配偶者への財産継承

12 夫死亡後の手続き②

前項で出てきたもの以外にも、相続手続き関連で期限がある届出・手続きはまだまだあります。

相続放棄と限定承認は3カ月以内に行う

死亡した人に借金があり、**相続放棄**または**限定 承 認**をする場合は、**3カ月以内**に、被相続人の住所地を管轄する家庭裁判所に申述します。相続放棄は各相続人が単独で、限定承認をする場合は相続人共同で申述します。3カ月という時間はあまり余裕がなく、限定承認をするときは、被相続人の残した借金の額がどの程度あるのかなど綿密な調査と相続人間での意見集約をスピーディーに行う必要があります。

準確定申告は4カ月以内に行う

生前に確定申告の対象者であった人に関して、その年の1月1日から死亡日までの所得については、相続人が申告を行うことになります。これを**準確定申告**といいます。準確定申告は、相続があることを知った翌日から**4カ月以内**に行う必要があり、通常の確定申告とは申告期限が異なりますので、注意が必要です。

基本的に、準確定申告の対象者は、自営業者や不動産収入等がある人などです。ただし、年金収入だけで生活している人であっても、年金収入の額にもよりますが、医療費控除を受けられたりして源泉徴収されていた税金が戻ってくることもあります。ですので、準確定申告をする必要があるかどうか、税務署等に相談してみてください。

相続税の申告は10カ月以内、準確定申告は4カ月以内ですから、相続税の申告・納付がある人は、まとめて税理士に依頼するのがいいでしょう。

■単純承認と相続放棄、限定承認

相続が開始した場合、相続人は次の3つのうちのいずれかを選択できる。放っておくと、単純承認になってしまう。

①相続人が被相続人の土地の所有権等の権利や借金等の義務をすべて受け継ぐ**単純承認**
②相続人が被相続人の権利や義務を一切受け継がない**相続放棄**
③被相続人の債務がどの程度あるか不明であり、財産が残る可能性もある場合等に、相続人が相続によって得た財産の限度で被相続人の債務の負担を受け継ぐ**限定承認**

■準確定申告について

被相続人が以下に該当する場合は、準確定申告が必要となる。

・自営業者、個人事業主
・給与所得と退職所得以外の所得が計20万円以上あった場合
・給与の年間収入が2,000万円以上の場合
・同族会社の役員やその親族などで、給与のほかに貸付金の利子や家賃などを受取っていた場合。

※準確定申告の対象となる人は、通常の確定申告と同様である。

第4章 遺言と配偶者への財産継承

準確定申告で使用する申告書

■申告書A

申告書の見出し部分に「準」と書き足して使用する。

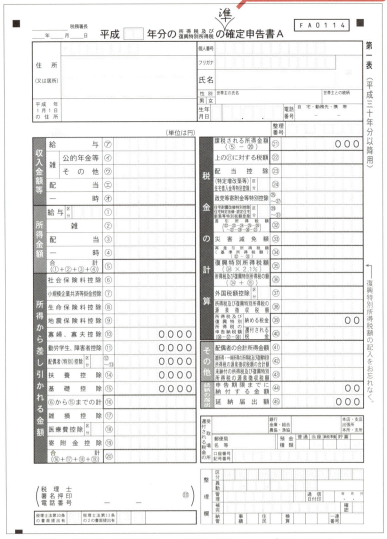

▲給与所得、雑所得、配当所得、一時所得だけの人は「確定申告書A」を使用。

■申告書B

　準確定申告で提出する確定申告書は、基本的に被相続人（死亡した人）がこれまでの確定申告で提出していた申告書を使う。給与所得者や年金受給者であれば申告書Aを、不動産事業や個人事業を行っていた人であれば申告書Bを使用する。申告書の入手は税務署へ取りに行くか、国税庁HPからPDFファイルをダウンロードする。

▲事業所得や不動産所得がある人は「確定申告書B」を使用。

索引

【あ】

遺言事項	151
遺言者	150
遺言書	150,151,152,154,159, 160,161,163,167
遺産分割（協議書）	20,51,80, 137,144,146,148,149,163
遺贈	20,25,46,48,50,84,105, 151172,173,174,175
遺族厚生年金	172,173
遺族基礎年金	107
一般贈与	105,156,157,158,167
遺留分	156,158
遺留分減殺請求	159
延滞税	38
エンディングノート	160,161
延納	52

【か】

貸付事業用宅地等	92,96,133
課税遺産総額	34,42
家族信託	162,164
家庭裁判所	58,146,147, 153,164,184
株式会社	89
換価分割	70

【き】

基礎控除（相続税）	34,50,64,65, 127,128,131,132
基礎控除（贈与税）	102,106,110,125
共有（名義）	68,70,71,80,105,139
寄与分	20,21
限定承認	76,184,185
検認	153
現物分割	70
高額療養費	176,182
公証人	153
公証役場	153
公正証書遺言	150,153
合同会社	89
固定資産税評価額	13,29,68,81,82

【さ】

債務控除	30,74,141,143
債務免除	140,141,142
自筆証書遺言	150,152,154,155
死亡退職金	24,26,142
死亡届	176,177
死亡保険金	24,60,62,135,142
受遺者	47,105
住民移動届	176

受贈者	100,102,103,113,114,117,118,119,120,121
ジュニアNISA	124,125
準確定申告	184,185
障害者控除	46,47
小規模宅地等の特例	48,51,79,82,90,94,127,130,131,132,133,146
信託銀行	116
信託契約	162,164
審判	147
推定相続人	18,103
成年後見制度	144
税務調査	38,98
生命保険金	24,26,60,130,132,133,135
世帯主変更届	177
葬祭費	176,179
相続欠格	18,19
相続時精算課税	45,49,50,100,102,103
相続廃除	18,19
相続放棄	18,31,163,184,185
贈与契約書	39,40,41,113,137
贈与者	100,102,105,113,114,117,119,120,121

【た】

代襲相続	18,19
代償分割	70
単純承認	185
調停	146,147
直系尊属	14,16,17,18,101,107,109,114,116,118,156
直系卑属	14,18,19,65,103,109,116
追徴課税	38
低額譲受	138
低額譲渡	100
登録免許税	123
特別受益	20,21,151
特定居住用宅地等	94,95,96
特別寄与料制度	22
特例贈与	107
取引相場のない株式	86

【な】

内縁関係	129,166
二次相続	97
二世帯住宅	164
任意後見人	151
認知	

【は】

配偶者居住権	168,169
配偶者控除（相続税）	32,33
配偶者控除（贈与税）	122

配偶者に対する相続税額の軽減
（配偶者の税額軽減）

32,33,43,45,51,131,146

倍率方式　　　　　12,13,28,29

被相続人　　14,15,17,18,20,24,

26,28,30,48,49,60,64,73,

88,91,94,101,162,184,185

秘密証書遺言　　　　　　150

物納　　　　　52,55,56,57

不動産取得税　　　　　74,123

プラス（の）財産

30,31,34,76,77,78,79

法人成り　　　　　　　88

法定相続人　14,15,16,17,24,26,32,

46,47,50,60,62,64,65,66,

129,131,132,135,141,156

法定相続分　16,17,32,66,80,127,169

130,131,132,145

保証債務　　　　　　143

【ま】

マイナス（の）財産

30,31,34,76,77,78,79

埋葬料　　　　　176,179

未成年者控除　　　43,45,46,47

みなし相続財産　24,126,136,142

みなし贈与（財産）

134,136,138,139,140

民法　　　14,16,17,64,68,

71,72,134,158

名義株式　　　　　　38

名義預金　　　　　38,39,98

免責的債務引受　　　　141

持ち戻し　21,104,122,166

【や】

有価証券　　　　　38,113

養子縁組　　　64,66,67,163

預貯金の仮払い制度　　　58

【ら】

利子税　　　　　52,54

暦年課税　　　100,102,106,

110,113,123,125

連帯債務　　　　　143

老齢基礎年金　170,171,173,175

老齢厚生年金　170,171,173,175

路線価方式　　　12,13,28,29

全国の税理士会

名称	所在地	電話番号	管轄区域
東京税理士会	〒151-8568 東京都渋谷区千駄ヶ谷5-10-6	03-3356-4461	東京都
東京地方税理士会	〒220-0022 神奈川県横浜市西区花咲町4-106 税理士会館	045-243-0511	神奈川県、山梨県
千葉県税理士会	〒260-0024 千葉市中央区中央港1-16-12 税理士会館3階	043-243-1201	千葉県
関東信越税理士会	〒330-0854 埼玉県さいたま市大宮区桜木町4丁目333番地13 OLSビル14階	048-643-1661	埼玉県、茨城県、栃木県、群馬県、長野県、新潟県
北海道税理士会	〒064-8639 札幌市中央区北3条西20丁目 北海道税理士会館3階	011-621-7101	北海道
東北税理士会	〒984-0051 宮城県仙台市若林区新寺1-7-41	022-293-0503	宮城県、岩手県、福島県、秋田県、青森県、山形県
名古屋税理士会	〒464-0841 愛知県名古屋市千種区覚王山通8-14 税理士会ビル4階	052-752-7711	愛知県のうち名古屋市、清須市、北名古屋市、半田市、常滑市、東海市、大府市、知多市、豊明市、日進市、長久手市、西春日井郡、愛知郡、及び知多郡並びに岐阜県
東海税理士会	〒450-0003 愛知県名古屋市中村区名駅南2-14-19 住友生命名古屋ビル22階	052-581-7508	愛知県(名古屋税理士会に係る区域を除く)静岡県、三重県
北陸税理士会	〒920-0022 石川県金沢市北安江3-4-6	076-223-1841	石川県、福井県、富山県
近畿税理士会	〒540-0012 大阪市中央区谷町1-5-4	06-6941-6886	大阪府、京都府、兵庫県、奈良県、和歌山県、滋賀県
中国税理士会	〒730-0036 広島市中区袋町4-15	082-246-0088	広島県、岡山県、山口県、鳥取県、島根県
四国税理士会	〒760-0017 香川県高松市番町2-7-12	087-823-2515	香川県、愛媛県、徳島県、高知県
九州北部税理士会	〒812-0016 福岡市博多区博多駅南1-13-21	092-473-8761	福岡県、佐賀県、長崎県
南九州税理士会	〒862-0971 熊本市中央区大江5-17-5	096-372-1151	熊本県、大分県、鹿児島県、宮崎県
沖縄税理士会	〒901-0152 沖縄県那覇市字小禄1831番地1 沖縄産業支援センタービル7階	098-859-6225	沖縄県

【著者】

柴崎貴子（しばさき・たかこ）

税理士・社会保険労務士。柴崎会計事務所代表。
東京都生まれ。明治大学政治経済学部政治学科卒業。青色申告会説明会
講師、練馬ビジネスサポートセンター相談員、練馬区にて相続関係の相
談業務などを務める。小中学校で講師として租税教育の指導も行ってい
る。著書に『まんがでわかるあなたの相続』（ブティック社）、『身近な人が亡
くなった後の「届け出」と「手続き」がよくわかる本』（ブティック社）などが
ある。

房野和由（ふさの・かずよし）

特定社会保険労務士、宅地建物取引士。埼玉県生まれ。明治大学政治経
済学部経済学科卒業。
開業社労士の傍ら、資格専門学校にて社労士受験講座の講師を務める。
著書に『障害年金・生活保護で不安なく暮らす本』『まず200万円もらっ
て始める、ゆるゆる起業』（以上、ぱる出版）、『社労士・税理士が教える
絶対にやっておかないとヤバイ！ 定年前後の手続きの進め方』（小社）
などがある。

**【改訂版】税理士・社労士が教える
絶対に知らないとヤバイ！
生前贈与の手続きの進め方**

2019 年 7 月 23 日第一刷

著　者	柴崎貴子・房野和由
発行人	山田有司
発行所	株式会社　彩図社
	東京都豊島区南大塚 3-24-4
	MT ビル　〒 170-0005
	TEL：03-5985-8213　FAX：03-5985-8224
印刷所	シナノ印刷株式会社

URL：http://www.saiz.co.jp
　　　https://twitter.com/saiz_sha

© 2019.Takako Shibasaki, Kazuyoshi Fusano Printed in Japan.
ISBN978-4-8013-0385-0 C0033
落丁・乱丁本は小社宛にお送りください。送料小社負担にて、お取り替えいたします。
定価はカバーに表示してあります。
本書の無断複写は著作権上での例外を除き、禁じられています。
カバー画像：sakura / PIXTA（ピクスタ）　一部アイコン：Freepik